Soar:오름

9급 공무원 영어시험 완벽대비

최신 출제경향
완벽반영

이얼 편저

기출분석 노트

변화한 출제경향을 완벽하게 분석하여
초단기 고득점 완성

모두공 이얼 공무원영어 Soar:오름 : 기출분석노트
동영상강의 · 무료강의 · 해설강의 · 다양한 학습 | www.modoogong.com

머리말

전국의 예비 공무원 수험생 여러분 반갑습니다. 모두공 영어 대표 강사 이얼입니다.
20년 이후로 공무원 영어는 많은 부분에서 엄청난 변화를 겪었습니다. 어떤 사람들은 영어가 쉬워졌다고 말하고, 어떤 사람은 기본기가 더 중요해졌다고 말합니다. 하지만 주목할 점은, 9급 공무원 최종 합격생들의 영어 평균 점수는 큰 변화를 겪지 않고 있다는 점입니다.

여전히 누군가에게 영어는 어렵고, 누군가에게는 불필요하고 무거운 짐으로 여겨지고 있는 것이 현실입니다. 그 이유는 무엇일까요?

25년 시험 대비 기출분석노트를 모든 커리큘럼보다 앞서 선보이는 이유는, 변화한 영어의 흐름을 알지 못하고, 불필요한 공부를 하면서 시간과 자원을 낭비하는 수험생이 너무나 많기 때문입니다. 이 교재를 통해, 지난 10여년의 기출 문제들과 최근 3년 동안의 기출 문제들이 어떻게 달라졌는지를 보여드리고 싶었습니다.

9급 공무원 기출 어휘라고 하면 많은 수험생들은 반드시 외워야 하는 단어들이라고 생각하실 겁니다. 하지만 기출 어휘 pool은 최근 3년 동안 5분의 1 수준으로 줄어들었고, 실제 영어에서 주로 사용되는 아주 실용적인 수준의 어휘들만을 묻는 형태로 문제가 변화했습니다. 아직도 불필요한 단어 암기 때문에 부담을 느끼고, 공무원 영어 공부를 시작하는데 높은 진입장벽을 느끼고 있는 수험생이라면, 공부의 첫단추부터 정확하게 시험의 의도를 파악하시고, 효율적인 공부법을 선택하시기 바랍니다.

9급 공무원 영어의 뼈대는 견고한 문법 지식이라는 것이 대부분의 교수자들과 학습자들의 공통된 생각일 것입니다. 하지만 공시 영어 문법은 [영작 관련 문법]만으로 압축된 지 벌써 3년 이상의 시간이 흘렀습니다. 하지만 여전히 시험에 출제되지도 않는 두꺼운 문법책을 들고 괴로워하는 수험생들이 너무나 많습니다. 부디 이 책을 통해 공시 영어가 요구하는 문법의 본질이 무엇인지 파악하시고, 빠르고 정확하게 시험의 본질을 꿰뚫으시길 부탁드립니다.

9급 영어가 쉬워졌다는 말들이 많습니다. 피상적 분석을 통해서 보자면, 어려운 동의어 반의어 문제들이 사라지고, 문법책 구석구석에서 출제되던 암기형 문제들이 사라졌기 때문에, 분명 시험이 쉬워졌다고 볼 수도 있습니다. 하지만 공시영어는 추론형 독해력 판단 시험으로 조금씩 변화하고 있습니다. 부디 이러한 흐름을 놓치고 후회하는 수험생이 없기를 바라는 심정으로 이 책을 세상에 내놓습니다.

이 책이 나오기까지 애써주신 모두공 양승윤 대표님과 정진성 팀장님 그리고 용감한북스 스탭 여러분들의 노고에 감사드리며, 교재 검수 작업에 참여해주신 23년도 합격자 안소영, 장지혜님께 감사의 말씀을 드립니다. 언제나 한국의 영어 교육에 올바른 빛을 보여주시는 바른 영어 훈련소 김정호 교수님, 그리고 교재를 집필하는 동안, 많은 영감을 주시고, 바른 영어 교육에 힘써주시는 유튜브 채널 Sam's English 의 Sam 선생님께도 깊은 감사의 말씀을 드립니다.

바라건대, 이 책을 통해 많은 분들이 빠르고 정확한 영어 공부법을 익히고, 반드시 합격의 영광을 누리시길 바랍니다. "I 응원 you."

부산 연구실에서 이얼

이 책을 100% 활용하는 법

1 본 교재는 과거의 9급 기출 유형과 최근 3개년간 변화된 9급 기출 유형을 비교 분석함으로써, 변화한 9급 영어의 특징을 이해하고, 이에 맞는 올바른 학습 전략을 세우는 데 도움을 주기 위해 제작되었습니다. 따라서 각 챕터의 도입부에 제시된 옛날문제 와 요즘문제 파트의 도움말을 읽고 실제 문제들이 어떻게 변화했는지 살펴보는 것을 첫 번째 목표로 하시기 바랍니다. (이 단계에서는 모든 문제를 다 풀 필요는 없습니다. 문제의 성질을 파악하는 데 집중하시기 바랍니다.)

> 각 문제들의 출제 포인트 변화와 현 공시 영어의 흐름을 빠르게 파악할 수 있습니다.

1 옛날 어휘

01 13 국가직

밑줄 친 ㉠과 ㉡에 공통으로 들어갈 가장 적절한 것은?

> In Korea, the eldest son tends to ㉠ a lot of responsibility. The same words ㉡ different meaning when said in different ways.

① take over   ② take down
③ take on   ④ take off

> take와 관련된 숙어를 모두 암기해야 풀 수 있는 문제입니다. 요즘은 출제되지 않습니다.

2 요즘 어휘

01 22 지방직

밑줄 친 부분에 들어갈 말로 가장 적절한 것을 고르시오.

> Crop yields vary, improving in some areas and falling in others.

① change   ② decline
③ expand   ④ include

> 요즘 출제되는 어휘 문제들은 제시문보다 보기 어휘가 쉽습니다. 이런 문제는 동의어 암기를 통해 푸는 것이 아니라, 제시된 문장을 해석할 수 있는지를 묻는 문제입니다.

2 과거에 출제되던 형태의 문제들은 더 이상 출제되지 않음에도 불구하고, 해당 유형의 문제들을 모의고사에 출제하거나, 해당 문제를 위한 공부를 강요하는 커리큘럼이 있는지 살펴보고, 자신의 공부법이 옳았는지 아닌지를 점검합니다.

> 예를들어 더 이상 출제되지 않는 단순 동의어 반의어를 지나치게 강조하는 수업이나, 교재는 현 공시 흐름에 맞지 않을 뿐 아니라, 불필요한 공부 시간을 과도하게 늘리는 방식이기 때문에 지양해야 함을 알 수 있습니다.

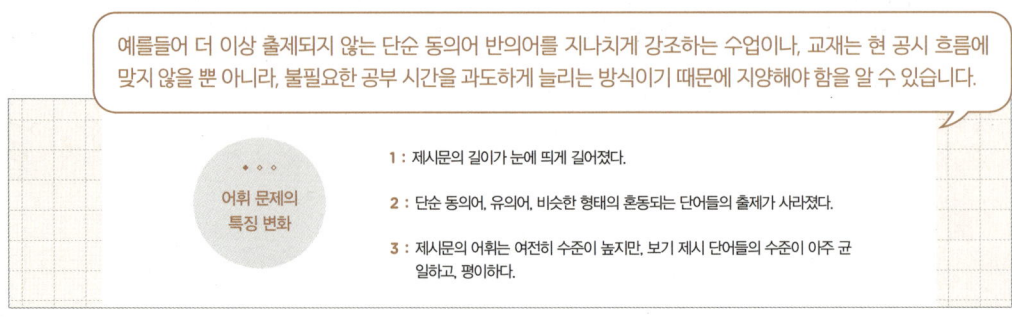

어휘 문제의 특징 변화

1 : 제시문의 길이가 눈에 띄게 길어졌다.
2 : 단순 동의어, 유의어, 비슷한 형태의 혼동되는 단어들의 출제가 사라졌다.
3 : 제시문의 어휘는 여전히 수준이 높지만, 보기 제시 단어들의 수준이 아주 균일하고, 평이하다.

3 위의 분석에 따라, 앞으로 최고효율로 최단기 최고득점을 위해서 어떤 방식으로 공부해야 하는지를 확인하고, 자신의 학습 계획을 최적화 하는 것이 반드시 필요합니다.

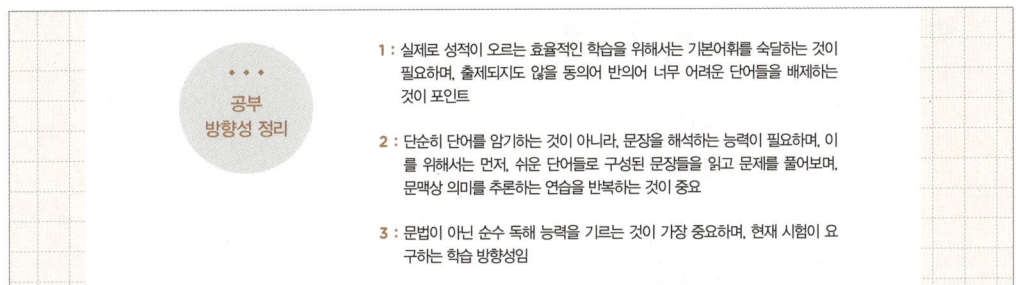

4 마지막으로 현재 흐름에 가장 최적화된 강의들의 특징을 알아보고, 자신에게 맞는 최적 커리큘럼을 스스로 완성할 수 있습니다.

위의 단계들을 거치면서 어휘, 문법, 독해, 생활영어 전 영역에 걸친 시험의 변화와 트렌드를 익히고, 본격적인 공부를 시작하기 전에, 왜 반드시 변화한 시험에 맞는 공부법을 선택해야만 하는지를 확실하게 깨닫는 것이 중요합니다.

마지막으로는 최근 기출 문제들을 직접 풀어보면서, 요즘 공시 영어가 묻는 내용의 핵심 포인트가 무엇인지를 확인하고, 자신의 현재 위치를 파악하는 시간을 가집니다. 여기서 가장 중요한 것은 답을 맞추는 것 보다도 포인트 파악입니다. 초시생의 경우 문제를 푸는 것 보다 먼저 강의를 듣는 것을 추천드리며, 재시의 경우에도 먼저 문제를 풀어 본 후에 반드시 강의를 통해 왜 이런 문제들이 출제되는지를 꼭 확인하시기 바랍니다.

---

4 23년 어휘 기출 전 문항 정리

01 밑줄 친 의미와 가장 가까운 것을 고르시오.   23 국가직 9급

> Jane wanted to have a small wedding rather than a fancy one. Thus, she planned to invite her family and a few of her <u>intimate</u> friends to eat delicious food and have some pleasant moments.

① nosy
② close
③ outgoing
④ considerate

노트 포인트⁺

CONTENTS | 목차

CHAPTER 1

24 최신기출 — 8

1. 어휘 — 10
2. 문법 — 14
3. 독해A — 16
4. 독해B — 21
5. 생활영어 / 신유형 — 24

CHAPTER 2

어휘 — 30

1. 옛날 어휘 — 32
2. 요즘 어휘 — 35
3. 기출 포인트 및 공부법 정리 — 37
4. 23년 어휘 기출 전 문항 정리 — 39
   - 정답 및 해설 — 49

CHAPTER 3

문법 — 52

1. 옛날 문법 — 54
2. 요즘 문법 — 56
3. 기출 포인트 및 공부법 정리 — 58
4. 23년 문법 기출 전 문항 정리 — 60
   - 정답 및 해설 — 68

CHAPTER 4

독해 A [요지, 제목, 흐름] — 70

1. 옛날 독해 — 72
2. 요즘 독해 — 74
3. 기출 포인트 및 공부법 정리 — 78
4. 23년 독해A 기출 전 문항 정리 — 80
   - 정답 및 해설 — 99

CHAPTER 5

독해 B [빈칸, 순서] — 106

1. 옛날 독해 — 108
2. 요즘 독해 — 112
3. 기출 포인트 및 공부법 정리 — 115
4. 23년 독해B 기출 전 문항 정리 — 117
   - 정답 및 해설 — 137

CHAPTER 6

생활영어 — 142

1. 옛날 생활영어 — 144
2. 요즘 생활영어 — 145
3. 기출 포인트 및 공부법 정리 — 146
4. 23년 생활영어 기출 전 문항 정리 — 148
   - 정답 및 해설 — 155

Soar : 소오름
기출분석 노트

CHAPTER 1
24 최신기출

출제 트렌드 변화 후 시험을 가장 완벽하게 분석한 교재

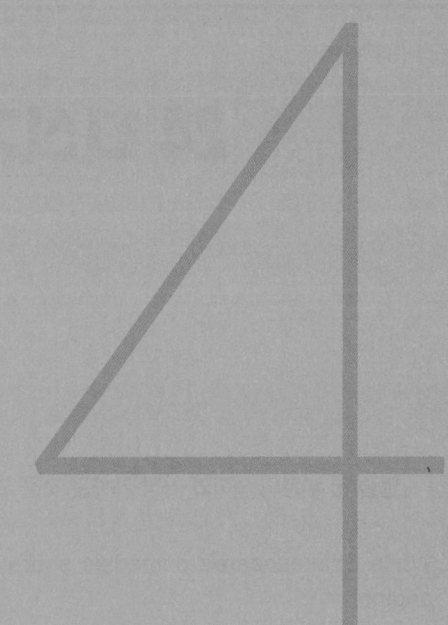

CHAPTER 1 · 24 최신기출

출제 트렌드 변화 후 시험을 가장 완벽하게 분석한 교재

기출분석노트   이얼영어 www.modoogong.com

1 어휘

01 밑줄 친 부분의 의미와 가장 가까운 것을 고르시오. 　　　24 지방직

While Shakespeare's comedies share many similarities, they also differ markedly from one another.

① softly
② obviously
③ marginally
④ indiscernibly

> markedly의 문맥상 의미를 묻는 문제입니다. 얼핏 동의어를 찾는 문제로 보이지만, 문제와 보기의 단어 난이도가 높지 않아 동의어 문제가 아닌 문맥상 의미 판단 문제로 보는 것이 적절합니다.

02 밑줄 친 부분의 의미와 가장 가까운 것을 고르시오. 　　　24 지방직

Jane poured out the strong, dark tea and diluted it with milk.

① washed
② weakened
③ connected
④ fermented

> diluted의 문맥상 의미를 묻는 문제입니다. 문제에 밑줄 어휘는 난이도가 높고, 보기로 제시된 어휘들은 상대적으로 난이도가 낮은 형태로 최신 경향을 그대로 반영하고 있습니다. 문장을 해석하면서 답을 찾아야 하는 문제입니다. (암기아님)

03 밑줄 친 부분의 의미와 가장 가까운 것을 고르시오. 24 지방직

The Prime Minister is believed to have ruled out cuts in child benefit or pensions.

① excluded
② supported
③ submitted
④ authorized

> rule out이라는 2단어 동사의 문맥상 의미를 묻는 문제입니다. 여기까지 암기하려면 어휘 요구량이 너무 많아집니다. 이는 인혁처의 출제 의도를 파악하지 못한 것입니다. 문장을 해석해서 맥락상 의미를 파악해서 푸는 문제입니다. 보기로 주어진 단어들은 기본 어휘에 해당하기 때문에 어렵지 않게 답을 찾을 수 있습니다.

04 밑줄 친 부분의 의미와 가장 가까운 것을 고르시오. 24 지방직

If you let on that we are planning a surprise party, Dad will never stop asking you questions.

① reveal
② observe
③ believe
④ possess

> let on이라는 2단어 동사의 문맥상 의미를 묻는 문제입니다. let on을 단어장으로 암기하려면 7-8000 어휘 이상을 학습해야 합니다. 인혁처는 문장을 해석하면 어렵지 않게 답을 찾을 수 있도록 보기 단어를 쉽게 출제했습니다.

05 밑줄에 들어갈 말로 가장 적절한 것은? 24 지방직

Automatic doors in supermarkets _____ the entry and exit of customers with bags or shopping carts.

① ignore
② forgive
③ facilitate
④ exaggerate

> 빈칸에 들어갈 문맥상 어휘를 선택하는 문제입니다. 문장을 해석하면 정답 외의 보기 단어들의 의미가 문맥에 크게 벗어나기 때문에 어렵지 않게 정답을 찾을 수 있습니다.

06 밑줄 친 부분에 들어갈 말로 적절한 것은?   24 국가직

Obviously, no aspect of the language arts stands alone either in learning or in teaching. Listening, speaking, reading, writing, viewing, and visually representing are _____.

① distinct
② distorted
③ interrelated
④ independent

> 빈칸에 들어갈 문맥상 어휘를 선택하는 문제입니다. 문장을 해석하면 정답 외의 보기 단어들의 의미가 문맥에 크게 벗어나기 때문에 어렵지 않게 정답을 찾을 수 있습니다.

07 밑줄 친 부분의 의미와 가장 가까운 것을 고르시오.   24 국가직

The money was so cleverly concealed that we were forced to abandon our search for it.

① spent
② hidden
③ invested
④ delivered

> concealed 의 문맥상 의미를 묻는 문제입니다. 암기가 아니라 해석으로 풀어야 하는 문제입니다.

08 밑줄 친 부분의 의미와 가장 가까운 것을 고르시오.   24 국가직

To appease critics, the wireless industry has launched a $ 12 million public-education campaign on the drive-time radio.

① soothe
② counter
③ enlighten
④ assimilate

> appease 의 문맥상 의미를 묻는 문제입니다. appease 라는 어휘를 암기하려면 5000 단어 이상의 어휘를 암기해야 합니다. appease의 동의어를 암기했는지 묻는 문제가 아니라, 문장을 해석할 수 있는 능력을 묻는 문제입니다.

09 밑줄 친 부분의 의미와 가장 가까운 것을 고르시오. 24 국가직

Center officials play down the troubles, saying they are typical of any start-up operation.

① discern
② dissatisfy
③ underline
④ underestimate

> play down의 의미를 묻는 문제입니다. 2단어 동사들을 집중적으로 학습했는지를 묻는 문제가 아니라, 문맥을 파악하는 능력을 묻는 문제입니다. 기억하세요. 어휘 문제가 아니라 해석 문제입니다.

10 밑줄 친 부분의 의미와 가장 가까운 것을 고르시오. 24 국가직

She worked diligently and had the guts to go for what she wanted.

① was anxious
② was fortunate
③ was reputable
④ was courageous

> had the guts 라는 어구 자체에 밑줄을 그어 출제 했습니다. 단어장 기반의 암기로 풀 수 없는 문제들을 출제하는 이유는 문장 해석을 할 수 있는 사람들만 합격시키겠다는 인혁쌤의 의지입니다. 제발 명심해 주세요. 어휘 암기가 아니라 해석 문제입니다.

2 문법

01 밑줄 친 부분 중 어법상 옳지 않은 것은? 24 지방직

One of the many ① virtues of the book you are reading ② is that it provides an entry point into *Maps of Meaning*, ③ which is a highly complex work ④ because of the author was working out his approach to psychology as he wrote it.

> 셀 수 있는 명사의 성질, 동사의 모양, 접속사 선택, 전치사 접속사 구분 포인트들이 출제되었습니다. 모두 부트캠프에서 다루는 내용입니다.

02 밑줄 친 부분이 어법상 옳지 않은 것은? 24 지방직

① You must plan not to spend too much on the project.
② My dog disappeared last month and hasn't been seen since.
③ I'm sad that the people who daughter I look after are moving away.
④ I bought a book on my trip, and it was twice as expensive as it was at home.

> 부정사의 부정, 동사의 모양, 접속사 선택, 비교 포인트가 출제되었습니다. 모두 부트캠프에서 다루는 내용입니다.

03 우리말을 영어로 잘못 옮긴 것은? 24 지방직

① 그는 이곳에서 일하는 것이 흥미롭다는 것을 알았다.
  → He found it exciting to work here.
② 그녀는 나에게 일찍 떠날 것이라고 언급했다.
  → She mentioned me that she would be leaving early.
③ 나는 그가 오는 것을 원하지 않았다.
  → I didn't want him to come.
④ 좀 더 능숙하고 경험 많은 선생님이었다면 그를 달리 대했을 것이다.
  → A more skillful and experienced teacher would have treated him otherwise.

> mVp 개념이 다양하게 출제되었습니다. 모두 부트캠프에서 다루는 내용입니다.

04 밑줄 친 부분이 어법상 옳지 않은 것은? 24 국가직

① Despite the belief that the quality of older houses is superior to ② those of modern houses, the foundations of most pre-20th-century houses are dramatically shallow ③ compared to today's, and have only stood the test of time due to the flexibility of ④ their timber framework or the lime mortar between bricks and stones.

> 전치사, 대명사, 동사모양, 대명사 포인트가 출제되었습니다. 모두 부트캠프에서 다루는 내용입니다.

05 밑줄 친 부분이 어법상 옳지 않은 것은? 24 국가직

① They are not interested in reading poetry, still more in writing.
② Once confirmed, the order will be sent for delivery to your address.
③ Provided that the ferry leaves on time, we should arrive at the harbor by morning.
④ Foreign journalists hope to cover as much news as possible during their short stay in the capital.

> 비교급, 분사구문, 비교 포인트가 출제되었습니다. 모두 부트캠프에서 다루는 내용입니다.

06 우리말을 영어로 바르게 옮긴 것은? 24 국가직

① 지원자 수가 증가하고 있어서 우리는 기쁘다.
 → We are glad that the number of applicants is increasing.
② 나는 2년 전에 그에게서 마지막 이메일을 받았다.
 → I've received the last e-mail from him two years ago.
③ 어젯밤에 그가 잔 침대는 꽤 편안했다.
 → The bed which he slept last night was quite comfortable.
④ 그들은 영상으로 새해 인사를 교환했다.
 → They exchanged New Year's greetings each other on screen.

> 접속사, 동사의 시제, 전치사 유무 포인트가 출제되었습니다. 모두 부트캠프에서 다루는 내용입니다.

3 독해 A

01 다음 글의 내용과 일치하지 않는 것은? 24 지방직

> According to the historians, neckties date back to 1660. In that year, a group of soldiers from Croatia visited Paris. These soldiers were war heroes whom King Louis XIV admired very much. Impressed with the colored scarves that they wore around their necks, the king decided to honor the Croats by creating a military regiment called the Royal Cravattes. The word cravat comes from the word Croat. All the soldiers in this regiment wore colorful scarves or cravats around their necks. This new style of neckwear traveled to England. Soon all upper class men were wearing cravats. Some cravats were quite extreme. At times, they were so high that a man could not move his head without turning his whole body. The cravats were made of many different materials from plaid to lace, which made them suitable for any occasion.

① A group of Croatian soldiers visited Paris in 1660.
② The Royal Cravattes was created in honor of the Croatian soldiers wearing scarves.
③ Some cravats were too uncomfortable for a man to move his head freely.
④ The materials used to make the cravats were limited.

> 일치 문제가 다소 어렵게 출제되었습니다. 정답에 해당하는 표현은 어렵지 않았지만, 일치하는 보기들의 해석이 쉽지 않아서 정답을 맞추더라도 시간을 많이 소비하게 했을 가능성이 높습니다.

02 다음 글의 주제로 적절한 것은? 24 지방직

> In recent years Latin America has made huge strides in exploiting its incredible wind, solar, geothermal and biofuel energy resources. Latin America's electricity sector has already begun to gradually decrease its dependence on oil. Latin America is expected to almost double its electricity output between 2015 and 2040. Practically none of Latin America's new large-scale power plants will be oil-fueled, which opens up the field for different technologies. Countries in Central America and the Caribbean, which traditionally imported oil, were the first to move away from oil-based power plants, after suffering a decade of high and volatile prices at the start of the century.

① booming oil industry in Latin America
② declining electricity business in Latin America
③ advancement of renewable energy in Latin America
④ aggressive exploitation of oil-based resources in Latin America

> 주제 문제가 상당히 어려웠습니다. 한 문장 한 문장의 해석도 중요하지만, 글 전체의 흐름을 파악하는 능력이 없다면 오답을 고르기 쉬운 고난도 문제였습니다.

03 다음 글의 제목으로 적절한 것은?

24 지방직

Every organization has resources that it can use to perform its mission. How well your organization does its job is partly a function of how many of those resources you have, but mostly it is a function of how well you use the resources you have, such as people and money. You as the organization's leader can always make the use of those resources more efficient and effective, provided that you have control of the organization's personnel and agenda, a condition that does not occur automatically. By managing your people and your money carefully, by treating the most important things as the most important, by making good decisions, and by solving the problems that you encounter, you can get the most out of what you have available to you.

① Exchanging Resources in an Organization
② Leaders' Ability to Set up External Control
③ Making the Most of the Resources: A Leader's Way
④ Technical Capacity of an Organization: A Barrier to Its Success

> 제목 문제가 상당히 어렵게 출제되었습니다. 본문의 문장들과 흐름 그리고 보기로 주어진 표현들의 해석까지 완벽하게 할 수 있어야 정답을 찾을 수 있는 문제였습니다.

04 밑줄 친 부분에 들어갈 말로 적절한 것을 고르시오.

24 지방직

Javelin Research noticed that not all Millennials are currently in the same stage of life. While all Millennials were born around the turn of the century, some of them are still in early adulthood, wrestling with new careers and settling down. On the other hand, the older Millennials have a home and are building a family. You can imagine how having a child might change your interests and priorities, so for marketing purposes, it's useful to split this generation into Gen Y.1 and Gen Y.2. Not only are the two groups culturally different, but they're in vastly different phases of their financial life.

The younger group is financial beginners, just starting to show their buying power. The latter group has a credit history, may have their first mortgage and is raising young children.

The _____ in priorities and needs between Gen Y.1 and Gen Y.2 is vast.

① contrast
② reduction
③ repetition
④ ability

> 빈칸 문제 중에서는 상대적으로 무난한 문제였습니다. 하지만 지문의 내용이 생소하고, 정확한 해석이 되지 않으면 정답을 찾을 수 없는 유형의 문제였습니다. 굳이 분류하자면 추론보다는 해석 능력이 더 중요했던 문제였습니다.

05 밑줄 친 부분에 들어갈 말로 적절한 것을 고르시오.   24 지방직

Cost pressures in liberalized markets have different effects on existing and future hydropower schemes. Because of the cost structure, existing hydropower plants will always be able to earn a profit. Because the planning and construction of future hydropower schemes is not a short-term process, it is not a popular investment, in spite of low electricity generation costs. Most private investors would prefer to finance _____, leading to the paradoxical situation that although an existing hydropower plant seems to be a cash cow, nobody wants to invest in a new one. Where public shareholders/owners (states, cities, municipalities) are involved, the situation looks very different because they can see the importance of the security of supply and also appreciate long-term investments.

① more short-term technologies
② all high technology industries
③ the promotion of the public interest
④ the enhancement of electricity supply

> 상당히 어려운 빈칸 추론형 문제였습니다. 해석도 정확하게 할 수 있으면서, 본문의 내용이 유기적으로 연결되는 방식을 이해해야 정답을 찾을 수 있는 고난도 추론 문제였습니다.

06 다음 글의 내용과 일치하지 않는 것은?   24 국가직

The tragedies of the Greek dramatist Sophocles have come to be regarded as the high point of classical Greek drama. Sadly, only seven of the 123 tragedies he wrote have survived, but of these perhaps the finest is Oedipus the King. The play was one of three written by Sophocles about Oedipus, the mythical king of Thebes (the others being Antigone and Oedipus at Colonus), known collectively as the Theban plays.

Sophocles conceived each of these as a separate entity, and they were written and produced several years apart and out of chronological order. Oedipus the King follows the established formal structure and it is regarded as the best example of classical Athenian tragedy.

① A total of 123 tragedies were written by Sophocles.
② Antigone is also about the king Oedipus.
③ The Theban plays were created in time order.
④ Oedipus the King represents the classical Athenian tragedy.

> 일치 문제 중 상대적으로 어려운 문제였습니다. 본문의 글이 건조하고 복잡하게 쓰여져 정답을 찾기 쉽지 않았고, 정답을 찾았더라도 여러 번 읽어야 해서, 시간을 많이 소비하게 하는 문제였습니다.

07 다음 글의 주제로 적절한 것은?

24 국가직

It seems incredible that one man could be responsible for opening our eyes to an entire culture, but until British archaeologist Arthur Evans successfully excavated the ruins of the palace of Knossos on the island of Crete, the great Minoan culture of the Mediterranean was more legend than fact.

Indeed its most famed resident was a creature of mythology: the half-man, half-bull Minotaur, said to have lived under the palace of mythical King Minos. But as Evans proved, this realm was no myth. In a series of excavations in the early years of the 20th century, Evans found a trove of artifacts from the Minoan age, which reached its height from 1900 to 1450 B.C.: jewelry, carvings, pottery, altars shaped like bull's horns, and wall paintings showing Minoan life.

① King Minos' successful excavations
② Appreciating artifacts from the Minoan age
③ Magnificence of the palace on the island of Crete
④ Bringing the Minoan culture to the realm of reality

> 정확한 문장 해석 능력이 있으면 크게 어렵지 않을 수 있으나, 전반적으로 쉽지 않은 대의 파악 문제입니다. 해당 문제의 난이도에 대한 평이 갈리는 이유는 추론적 요소는 크지 않지만, 문장 해석이 다소 어려웠기 때문인데, 해석 능력이 있는 사람들에게는 무난한, 그렇지 않은 사람들에게는 다소 어려운 문제였습니다.

08 다음 글의 제목으로 적절한 것은?

24 국가직

Currency debasement of a good money by a bad money version occurred via coins of a high percentage of precious metal, reissued at lower percentages of gold or silver diluted with a lower value metal. This adulteration drove out the good coin for the bad coin. No one spent the good coin, they kept it, hence the good coin was driven out of circulation and into a hoard. Meanwhile the issuer, normally a king who had lost his treasure on interminable warfare and other such dissolute living, was behind the move. They collected all the good old coins they could, melted them down and reissued them at lower purity and pocketed the balance. It was often illegal to keep the old stuff back but people did, while the king replenished his treasury, at least for a time.

① How Bad Money Replaces Good
② Elements of Good Coins
③ Why Not Melt Coins?
④ What Is Bad Money?

> 문장 해석이 다소 어려웠을 것으로 보이는 문제입니다. 어휘 문제로 출제된 diluted 가 본문에 등장합니다. 고급 어휘는 단어장보다는 독해를 통해 익히는 것이 훨씬 효율적이라는 것을 보여주는 문제입니다.

09 밑줄 친 부분에 들어갈 말로 적절한 것을 고르시오. 24 국가직

_____. Nearly every major politician hires media consultants and political experts to provide advice on how to appeal to the public.

Virtually every major business and special-interest group has hired a lobbyist to take its concerns to Congress or to state and local governments. In nearly every community, activists try to persuade their fellow citizens on important policy issues.

The workplace, too, has always been fertile ground for office politics and persuasion. One study estimates that general managers spend upwards of 80 % of their time in verbal communication — most of it with the intent of persuading their fellow employees. With the advent of the photocopying machine, a whole new medium for office persuasion was invented — the photocopied memo. The Pentagon alone copies an average of 350,000 pages a day, the equivalent of 1,000 novels.

① Business people should have good persuasion skills
② Persuasion shows up in almost every walk of life
③ You will encounter countless billboards and posters
④ Mass media campaigns are useful for the government

> 추론보다는 문장 해석 능력이 더 중요했던 빈칸 문제입니다. 인혁처가 추론 능력을 강화한다고 발표했지만, 여전히 해석 능력으로 변별력을 가져가고 있다는 중요한 단서가 되는 문제입니다.

10 밑줄 친 부분에 들어갈 말로 적절한 것을 고르시오. 24 국가직

It is important to note that for adults, social interaction mainly occurs through the medium of language. Few native-speaker adults are willing to devote time to interacting with someone who does not speak the language, with the result that the adult foreigner will have little opportunity to engage in meaningful and extended language exchanges. In contrast, the young child is often readily accepted by other children, and even adults.

For young children, language is not as essential to social interaction. So-called 'parallel play', for example, is common among young children. They can be content just to sit in each other's company speaking only occasionally and playing on their own. Adults rarely find themselves in situations where _____.

① language does not play a crucial role in social interaction
② their opinions are readily accepted by their colleagues
③ they are asked to speak another language
④ communication skills are highly required

> 상당히 어려운 추론 문제였습니다. 당연히 문장의 정확한 해석 능력과 문장들간의 유기적 연결을 파악해야 하는 고난도 문제였습니다.

4 독해 B

01 다음 글의 흐름상 어색한 문장은?   24 지방직

　Critical thinking sounds like an unemotional process but it can engage emotions and even passionate responses. In particular, we may not like evidence that contradicts our own opinions or beliefs. ① If the evidence points in a direction that is challenging, that can rouse unexpected feelings of anger, frustration or anxiety. ② The academic world traditionally likes to consider itself as logical and free of emotions, so if feelings do emerge, this can be especially difficult. ③ For example, looking at the same information from several points of view is not important. ④ Being able to manage your emotions under such circumstances is a useful skill. If you can remain calm, and present your reasons logically, you will be better able to argue your point of view in a convincing way.

> 흐름상 어색한 표현을 찾는 문제는 첫문장의 정확한 해석을 요구합니다. 문장이 길고 해석이 쉽지 않아, 많은 수험생이 고민했을 문제로 보입니다.

02 주어진 글 다음에 이어질 글의 순서로 적절한 것은?   24 지방직

　Computer assisted language learning (CALL) is both exciting and frustrating as a field of research and practice.

(A) Yet the technology changes so rapidly that CALL knowledge and skills must be constantly renewed to stay apace of the field.
(B) It is exciting because it is complex, dynamic and quickly changing — and it is frustrating for the same reasons.
(C) Technology adds dimensions to the domain of language learning, requiring new knowledge and skills for those who wish to apply it into their professional practice.

① (A) – (C) – (B)
② (B) – (A) – (C)
③ (B) – (C) – (A)
④ (C) – (B) – (A)

> 순서 문제는 지문이 짧을수록 어려운 경향이 있습니다. 왜냐하면, 지문이 짧을수록 순서의 단서는 정확한 해석에 의존하게 되는데, 수험생들은 놀라울 정도로 해석을 정확하게 하지 않기 때문입니다. 추론보다는 해석 능력을 파악하는 문제로, 상당히 고난도 문제였습니다.

03 주어진 문장이 들어갈 위치로 적절한 것은?   24 지방직

But she quickly popped her head out again.

The little mermaid swam right up to the small window of the cabin, and every time a wave lifted her up, she could see a crowd of well-dressed people through the clear glass. Among them was a young prince, the handsomest person there, with large dark eyes. (①) It was his birthday, and that's why there was so much excitement. (②) When the young prince came out on the deck, where the sailors were dancing, more than a hundred rockets went up into the sky and broke into a glitter, making the sky as bright as day. (③) The little mermaid was so startled that she dove down under the water. (④) And look! It was just as if all the stars up in heaven were falling down on her. Never had she seen such fireworks.

> 주어진 문장의 위치를 찾는 문제는 적어도 첫 문장과 보기로 제시된 문장 둘을 모두 정확하게 해석해야 풀 수 있습니다. 이 문제는 보기로 제시된 문장의 해석이 어렵지 않아 상대적으로 정답을 찾기 조금 수월한 문제였습니다.

04 다음 글의 흐름상 어색한 문장은?   24 국가직

In spite of all evidence to the contrary, there are people who seriously believe that NASA's Apollo space program never really landed men on the moon. These people claim that the moon landings were nothing more than a huge conspiracy, perpetuated by a government desperately in competition with the Russians and fearful of losing face. ① These conspiracy theorists claim that the United States knew it couldn't compete with the Russians in the space race and was therefore forced to fake a series of successful moon landings. ② Advocates of a conspiracy cite several pieces of what they consider evidence. ③ Crucial to their case is the claim that astronauts never could have safely passed through the Van Allen belt, a region of radiation trapped in Earth's magnetic field. ④ They also point to the fact that the metal coverings of the spaceship were designed to block radiation. If the astronauts had truly gone through the belt, say conspiracy theorists, they would have died.

> 흐름상 어색한 표현을 찾는 문제는 첫문장의 정확한 해석을 요구합니다. 첫 문장이 4줄이나 될 정도로 길고 해석이 쉽지 않아, 많은 수험생이 고민했을 문제로 보입니다. 고난도 문항이었습니다.

05 주어진 문장이 들어갈 위치로 적절한 것은?   24 국가직

> Tribal oral history and archaeological evidence suggest that sometime between 1500 and 1700 a mudslide destroyed part of the village, covering several longhouses and sealing in their contents.

From the village of Ozette on the westernmost point of Washington's Olympic Peninsula, members of the Makah tribe hunted whales. (①) They smoked their catch on racks and in smokehouses and traded with neighboring groups from around the Puget Sound and nearby Vancouver Island. (②) Ozette was one of five main villages inhabited by the Makah, an Indigenous people who have been based in the region for millennia. (③) Thousands of artifacts that would not otherwise have survived, including baskets, clothing, sleeping mats, and whaling tools, were preserved under the mud. (④) In 1970, a storm caused coastal erosion that revealed the remains of these longhouses and artifacts.

> 주어진 문장의 위치를 찾는 문제는 적어도 첫 문장과 보기로 제시된 문장 둘을 모두 정확하게 해석해야 풀 수 있습니다. 첫 문장이 언뜻 쉬워 보이지만, 추론적 사고를 요구하며 보기로 제시된 문장이 길고 복잡해서 정답을 찾기가 어려웠습니다.

06 주어진 글 다음에 이어질 글의 순서로 적절한 것은?   24 국가직

Interest in movie and sports stars goes beyond their performances on the screen and in the arena.

(A) The doings of skilled baseball, football, and basketball players out of uniform similarly attract public attention.

(B) Newspaper columns, specialized magazines, television programs, and Web sites record the personal lives of celebrated Hollywood actors, sometimes accurately.

(C) Both industries actively promote such attention, which expands audiences and thus increases revenues. But a fundamental difference divides them: What sports stars do for a living is authentic in a way that what movie stars do is not.

① (A) – (C) – (B)
② (B) – (A) – (C)
③ (B) – (C) – (A)
④ (C) – (A) – (B)

> 순서 문제는 지문이 짧을수록 어려운 경향이 있습니다. 왜냐하면, 지문이 짧을수록 순서의 단서는 정확한 해석에 의존하게 되는데, 수험생들은 놀라울 정도로 해석을 정확하게 하지 않기 때문입니다. 24년도 시험에는 국가직과 지방직 모두 순서문제가 짧게 출제되어, 수험생들에게 단문 해석 능력을 높일 것을 명시적으로 요청하고 있습니다.

5 생활영어 / 신유형

01 밑줄 친 부분에 들어갈 말로 가장 적절한 것을 고르시오. 24 지방직

A: Charles, I think we need more chairs for our upcoming event.
B: Really? I thought we already had enough chairs.
A: My manager told me that more than 350 people are coming.
B: _____
A: I agree. I am also a bit surprised.
B: Looks like I'll have to order more then. Thanks.

① I wonder if the manager is going to attend the event.
② I thought more than 350 people would be coming.
③ That's actually not a large number.
④ That's a lot more than I expected.

> 기존의 생활영어와 크게 다르지 않은 유형으로 출제되었지만, 과거에 보였던 특수 표현들이 대부분 사라졌습니다. 이는 암기를 줄이고 문맥을 읽는 능력을 평가하려는 인혁처의 방침을 반영하는 것입니다.

02 밑줄 친 부분에 들어갈 말로 가장 적절한 것을 고르시오. 24 지방직

A: Can I get the document you referred to at the meeting yesterday?
B: Sure. What's the title of the document?
A: I can't remember its title, but it was about the community festival.
B: Oh, I know what you're talking about.
A: Great. Can you send it to me via email?
B: I don't have it with me. Mr. Park is in charge of the project, so he should have it.
A: _____
B: Good luck. Hope you get the document you want.

① Can you check if he is in the office?
② Mr. Park has sent the email to you again.
③ Are you coming to the community festival?
④ Thank you for letting me know. I'll contact him.

> 기존의 생활영어와 크게 다르지 않은 유형으로 출제되었지만, 과거에 보였던 특수 표현들이 대부분 사라졌습니다. 하지만, 맥락을 읽지 못하면 실수할 수 있는 요소가 들어있어, 정확한 해석을 하지 않은 수험생들 사이에 오답률이 높았던 문제입니다. 이는 암기를 줄이고 문맥을 읽는 능력을 평가하려는 인혁처의 방침을 반영하는 것입니다.

03 밑줄 친 부분에 들어갈 말로 가장 적절한 것을 고르시오.

24 지방직

A: Hello, can I ask you a question about the presentation next Tuesday?
B: Do you mean the presentation about promoting the volunteer program?
A: Yes. Where is the presentation going to be?
B: Let me check. It is room 201.
A: I see. Can I use my laptop in the room?
B: Sure. We have a PC in the room, but you can use yours if you want.
A: _____
B: We can meet in the room two hours before the presentation. Would that work for you?
A: Yes. Thank you very much!

① A computer technician was here an hour ago.
② When can I have a rehearsal for my presentation?
③ Should we recruit more volunteers for our program?
④ I don't feel comfortable leaving my laptop in the room.

> 기존의 생활영어와 크게 다르지 않은 유형으로 출제되었지만, 과거에 보였던 특수 표현들이 대부분 사라졌습니다. 정답의 근거는 과거처럼 단어 의미로 결정하는 것이 아닌 상황판단으로 제시되는데, 이는 암기를 줄이고 문맥을 읽는 능력을 평가하려는 인혁처의 방침을 반영하는 것입니다.

04 다음 이메일의 내용과 일치하지 않는 것은? 24 지방직

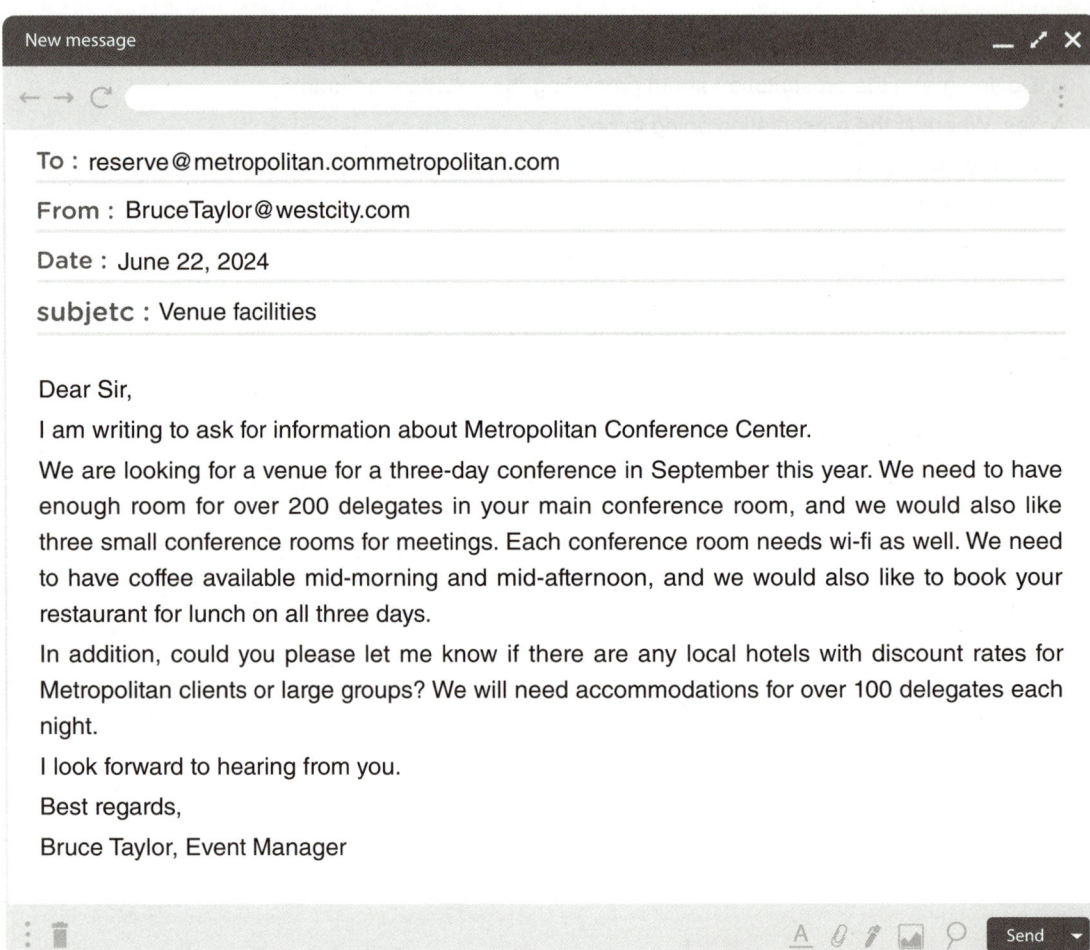

To : reserve@metropolitan.commetropolitan.com
From : BruceTaylor@westcity.com
Date : June 22, 2024
subjetc : Venue facilities

Dear Sir,

I am writing to ask for information about Metropolitan Conference Center.

We are looking for a venue for a three-day conference in September this year. We need to have enough room for over 200 delegates in your main conference room, and we would also like three small conference rooms for meetings. Each conference room needs wi-fi as well. We need to have coffee available mid-morning and mid-afternoon, and we would also like to book your restaurant for lunch on all three days.

In addition, could you please let me know if there are any local hotels with discount rates for Metropolitan clients or large groups? We will need accommodations for over 100 delegates each night.

I look forward to hearing from you.

Best regards,

Bruce Taylor, Event Manager

① 주 회의실은 200명 이상의 대표자를 수용할 수 있어야 한다.
② wi-fi가 있는 작은 회의실 3개가 필요하다.
③ 3일간의 저녁 식사를 위한 식당 예약이 필요하다.
④ 매일 밤 100명 이상의 대표자를 위한 숙박시설이 필요하다.

05 밑줄 친 부분에 들어갈 말로 적절한 것을 고르시오.

Brian
Hi, can I get some information on your city tour?
11:21

Ace Tour
Thank you for contacting us. Do you have any specific questions?
11:22

Brian
_____
_____
11:22

Ace Tour
It'll take you to all the major points of interest in the city.
11:23

Brian
How much is it?
11:24

Ace Tour
It's 50 dollars per person for a four-hour tour.
11:24

Brian
OK. Can I book four tickets for Friday afternoon?
11:25

Ace Tour
Certainly. I will send you the payment information shortly.
11:25

① How long is the tour?
② What does the city tour include?
③ Do you have a list of tour packages?
④ Can you recommend a good tour guide book?

06 밑줄 친 부분에 들어갈 말로 적절한 것을 고르시오. 24 국가직

A: Thank you. We appreciate your order.
B: You are welcome. Could you send the goods by air freight? We need them fast.
A: Sure. We'll send them to your department right away.
B: Okay. I hope we can get the goods early next week.
A: If everything goes as planned, you'll get them by Monday.
B: Monday sounds good.
A: Please pay within 2 weeks. Air freight costs will be added on the invoice.
B: _____
A: I am afraid the free delivery service is no longer available.

① I see. When will we be getting the invoice from you?
② Our department may not be able to pay within two weeks.
③ Can we send the payment to your business account on Monday?
④ Wait a minute. I thought the delivery costs were at your expense.

> 기존의 생활영어와 크게 다르지 않은 유형으로 출제되었지만, 과거에 보였던 특수 표현들이 대부분 사라졌습니다. 이는 암기를 줄이고 문맥을 읽는 능력을 평가하려는 인혁처의 방침을 반영하는 것입니다.

07 밑줄 친 부분에 들어갈 말로 적절한 것을 고르시오. 24 국가직

A: Have you found your phone?
B: Unfortunately, no. I'm still looking for it.
A: Have you contacted the subway's lost and found office?
B: _____.
A: If I were you, I would do that first.
B: Yeah, you are right. I'll check with the lost and found before buying a new phone.

① I went there to ask about the phone
② I stopped by the office this morning
③ I haven't done that yet, actually
④ I tried searching everywhere

> 기존의 생활영어와 크게 다르지 않은 유형으로 출제되었지만, 과거에 보였던 특수 표현들이 대부분 사라졌습니다. 정답의 근거는 과거처럼 단어 의미로 결정하는 것이 아닌 상황판단으로 제시되는데, 이는 암기를 줄이고 문맥을 읽는 능력을 평가하려는 인혁처의 방침을 반영하는 것입니다.

08 Northeastern Wildlife Exposition에 관한 다음 글의 내용과 일치하는 것은?

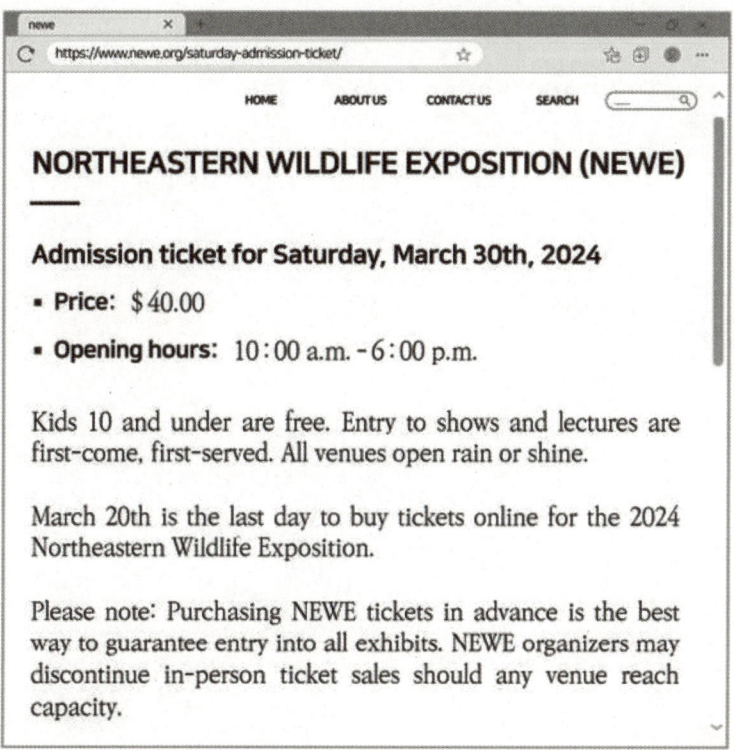

① 10세 어린이는 입장료 40불을 지불해야 한다.
② 공연과 강연의 입장은 선착순이다.
③ 비가 올 경우에는 행사장을 닫는다.
④ 입장권은 온라인으로만 구매할 수 있다.

Soar : 소오름
기출분석 노트

CHAPTER2
어휘

출제 트렌드 변화 후 시험을 가장 완벽하게 분석한 교재

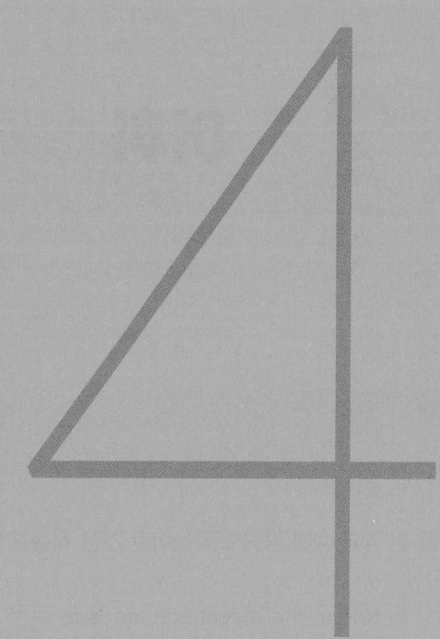

CHAPTER 2 · 어휘

출제 트렌드 변화 후 시험을 가장 완벽하게 분석한 교재

기출분석노트   이얼영어 www.modoogong.com

1 옛날 어휘

01 13 국가직
밑줄 친 ㉠과 ㉡에 공통으로 들어갈 가장 적절한 것은?

> In Korea, the eldest son tends to ㉠ a lot of responsibility. The same words ㉡ different meaning when said in different ways.

① take over
② take down
③ take on
④ take off

> take와 관련된 숙어를 모두 암기해야 풀 수 있는 문제입니다. 요즘은 출제되지 않습니다.

02 14 국가직
밑줄 친 부분과 의미가 가장 가까운 것을 고르시오.

> Electric cars also are a key part of China's efforts to curb its <u>unquenchable</u> appetite for imported oil and gas, which communist leaders see as a strategic weakness.

① infallible
② aesthetic
③ adolescent
④ insatiable

> 1-4번 선지에 제시된 단어 수준이 높기 때문에, 본문을 해석해도 제시어를 모르면 풀 수 없는 문제입니다. 요즘은 출제되지 않습니다.

03 14 국가직

밑줄 친 부분과 의미가 가장 가까운 것을 고르시오.

> How did you _____ selling cosmetics online?

① go around
② go back
③ go down
④ go into

> go와 관련된 숙어들을 모두 암기해야 풀 수 있는 문제입니다. 이제 출제되지 않습니다.

04 15 서울시

밑줄 친 부분과 의미가 가장 가까운 것은?

> David decided to efface some lines from his manuscript.

① enlighten
② appreciate
③ construe
④ recite
⑤ erase

> 선택지에 제시된 단어가 어려워서 문장을 해석해도 풀 수 없는 문제들입니다. 이제는 출제되지 않습니다.

05 15 서울시

> Including several interviews with the residents who used to mine but now suffer from asthma, the documentary delves into coal mining issues in the suburban area of Ontario.

① discourse
② corroborate
③ explicate
④ converse
⑤ investigate

> 선택지에 제시된 단어가 어려워서 문장을 해석해도 풀 수 없는 문제들입니다. 이제는 출제되지 않습니다.

06   15 서울시

The Polish coach admits he would love to emulate the Frenchman by taking charge of 1,000 matches at the same club.

① imitate
② comfort
③ excruciate
④ substantiate
⑤ announce

> 선택지에 제시된 단어가 어려워서 문장을 해석해도 풀 수 없는 문제들입니다. 이제는 출제되지 않습니다.

07   15 서울시

We've got a new junior assistant, fresh from law school. He s very idealistic–still wet behind the ears.

① an optimist
② a rookie
③ a misfit
④ a functionary
⑤ a troublemaker

> 선택지에 제시된 단어가 어려워서 문장을 해석해도 풀 수 없는 문제들입니다. 이제는 출제되지 않습니다.

2 요즘 어휘

01 22 지방직

밑줄 친 부분에 들어갈 말로 가장 적절한 것을 고르시오.

> Crop yields vary, improving in some areas and falling in others.

① change
② decline
③ expand
④ include

> 요즘 출제되는 어휘 문제들은 제시문보다 보기 어휘가 쉽습니다. 이런 문제는 동의어 암기를 통해 푸는 것이 아니라, 제시된 문장을 해석할 수 있는지를 묻는 문제입니다.

02 21 국가직

밑줄 친 부분의 의미와 가장 가까운 것을 고르시오.

> This novel is about the vexed parents of an unruly teenager who quits school to start a business.

① callous
② annoyed
③ reputable
④ confident

> 문장 안에 사용된 단어가 보기 단어보다 더 어렵습니다. 동의어를 암기해서 푸는 유형이 아니라 문맥상 해석을 통해 푸는 문제입니다.

03 21 지방직

밑줄 친 부분에 들어갈 말로 가장 적절한 것은?

> Globalization leads more countries to open their markets, allowing them to trade goods and services freely at a lower cost with greater _____.

① extinction
② depression
③ efficiency
④ caution

> 보기 어휘의 수준이 중3 정도의 어휘로 구성되어 있습니다. 어휘 암기는 가장 기본적인 부분만 암기하고, 나머지는 해석 능력으로 문맥상 의미를 추론하는 연습을 하는 것이 가장 효율적인 문제 접근법입니다.

04 21 지방직

밑줄 친 부분의 의미와 가장 가까운 것은?

> In studying Chinese calligraphy, one must learn something of the origins of Chinese language and of how they were originally written. However, except for those brought up in the artistic traditions of the country, its aesthetic significance seems to be very difficult to apprehend.

① encompass
② intrude
③ inspect
④ grasp

> 옛날 문제들은 제시된 지문이 짧았지만, 제시된 문장이 길고, 보기로 주어진 단어들은 쉬워졌습니다. 이제 어휘 문제는 긴 문장을 해석하고 밑줄 친 어휘의 문맥상 의미가 무엇인지를 파악하는 능력을 묻는 형태로 출제됩니다.

3 기출 포인트 및 공부법 정리

어휘 문제의 특징 변화

1 : 제시문의 길이가 눈에 띄게 길어졌다.

2 : 단순 동의어, 유의어, 비슷한 형태의 혼동되는 단어들의 출제가 사라졌다.

3 : 제시문의 어휘는 여전히 수준이 높지만, 보기 제시 단어들의 수준이 아주 균일하고, 평이하다.

어휘 문제의 출제 포인트 변화

1 : 공무원에게 요구되는 인내력을 측정하기 위해 단순 암기를 요구하던 과거 문제가 사라지고, 긴 문장 안에서 제시된 어휘의 의미를 추론하는 진짜 독해 실력을 평가하는 것을 목표로 함.

2 : 실제 영어에서 사용 빈도가 높은 단어들을 사용함으로써, 실질적인 영어 구사 능력을 평가하고 있다.

3 : 한 시험 내에서 제시되는 단어들의 난이도 스펙트럼을 줄임으로써, 좀 더 객관적이고 형평성 있는 완성도 높은 시험으로 변화했다.

공부 방향성 정리

1 : 실제로 성적이 오르는 효율적인 학습을 위해서는 기본어휘를 숙달하는 것이 필요하며, 출제되지도 않을 동의어 반의어 너무 어려운 단어들을 배제하는 것이 포인트

2 : 단순히 단어를 암기하는 것이 아니라, 문장을 해석하는 능력이 필요하며, 이를 위해서는 먼저, 쉬운 단어들로 구성된 문장들을 읽고 문제를 풀어보며, 문맥상 의미를 추론하는 연습을 반복하는 것이 중요

3 : 문법이 아닌 순수 독해 능력을 기르는 것이 가장 중요하며, 현재 시험이 요구하는 학습 방향성임

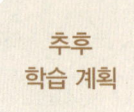

추후 학습 계획

4 23년 어휘 기출 전 문항 정리

01 **밑줄 친 의미와 가장 가까운 것을 고르시오.** 23 국가직 9급

> Jane wanted to have a small wedding rather than a fancy one. Thus, she planned to invite her family and a few of her intimate friends to eat delicious food and have some pleasant moments.

① nosy
② close
③ outgoing
④ considerate

02 **밑줄 친 의미와 가장 가까운 것을 고르시오.** 23 국가직 9급

> The incessant public curiosity and consumer demand due to the health benefits with lesser cost has increased the interest in functional foods.

① rapid
② constant
③ significant
④ intermittent

03 밑줄 친 의미와 가장 가까운 것을 고르시오. 23 국가직 9급

Because of the pandemic, the company had to hold off the plan to provide the workers with various training programs.

① elaborate
② release
③ modify
④ suspend

04 밑줄 친 의미와 가장 가까운 것을 고르시오. 23 국가직 9급

The new Regional Governor said he would abide by the decision of the High Court to release the prisoner.

① accept
② report
③ postpone
④ announce

05 밑줄 친 의미와 가장 가까운 것을 고르시오. 23 지방직 9급

Further explanations on our project will be given in subsequent presentations.

① required
② following
③ advanced
④ supplementary

06 밑줄 친 의미와 가장 가까운 것을 고르시오.   23 지방직 9급

Folkways are customs that members of a group are expected to follow to show courtesy to others. For example, saying "excuse me" when you sneeze is an American folkway.

① charity
② humility
③ boldness
④ politeness

07 밑줄 친 의미와 가장 가까운 것을 고르시오.   23 지방직 9급

These children have been brought up on a diet of healthy food.

① raised
② advised
③ observed
④ controlled

08 밑줄 친 의미와 가장 가까운 것을 고르시오.   23 지방직 9급

Slavery was not done away with until the nineteenth century in the U.S.

① abolished
② consented
③ criticized
④ justified

09 밑줄 친 의미와 가장 가까운 것을 고르시오. 22 국가직 9급

> For years, detectives have been trying to unravel the mystery of the sudden disappearance of the twin brothers.

① solve
② create
③ imitate
④ publicize

10 밑줄 친 의미와 가장 가까운 것을 고르시오. 22 국가직 9급

> Before the couple experienced parenthood, their four-bedroom house seemed unnecessarily opulent.

① hidden
② luxurious
③ empty
④ solid

11 밑줄 친 의미와 가장 가까운 것을 고르시오. 22 국가직 9급

> The boss hit the roof when he saw that we had already spent the entire budget in such a short period of time.

① was very satisfied
② was very surprised
③ became extremely calm
④ became extremely angry

12 밑줄 친 부분에 들어갈 말로 가장 적절한 것을 고르시오 22 국가직 9급

> A mouse potato is the computer _____ of television's couch potato: someone who tends to spend a great deal of leisure time in front of the computer in much the same way the couch potato does in front of the television.

① technician
② equivalent
③ network
④ simulation

13 밑줄 친 부분에 들어갈 말로 가장 적절한 것을 고르시오. 22 국가직 9급

Mary decided to _____ her Spanish before going to South America.

① brush up on
② hear out
③ stick up for
④ lay off

14 밑줄 친 부분의 의미와 가까운것을 고르시오. 22 지방직 9급

School teachers have to be flexible to cope with different ability levels of the students.

① strong
② adaptable
③ honest
④ passionate

15 밑줄 친 부분의 의미와 가까운것을 고르시오. 22 지방직 9급

Crop yields vary, improving in some areas and falling in others.

① change
② decline
③ expand
④ include

16 밑줄 친 부분의 의미와 가까운것을 고르시오. 22 지방직 9급

> I don't feel inferior to anyone with respect to my education.

① in charge of
② in spite of
③ in favor of
④ in terms of

17 밑줄 친 부분에 들어갈 말로 가장 적절한 것을 고르시오. 22 지방직 9급

> Sometimes we _____ money long before the next payday.

① turn into
② start over
③ put up with
④ run out of

18 밑줄 친 부분의 의미와 가장 가까운 것을 고르시오. 21 국가직 9급

> Privacy as a social practice shapes individual behavior in conjunction with other social practices and is therefore central to social life.

① in combination with
② in comparison with
③ in place of
④ in case of

19 밑줄 친 부분의 의미와 가장 가까운 것을 고르시오.   21 국가직 9급

> The influence of Jazz has been so pervasive that most popular music owes its stylistic roots to jazz.

① deceptive
② ubiquitous
③ persuasive
④ disastrous

20 밑줄 친 부분의 의미와 가장 가까운 것을 고르시오.   21 국가직 9급

> This novel is about the vexed parents of an unruly teenager who quits school to start a business.

① callous
② annoyed
③ reputable
④ confident

21 밑줄 친 부분에 들어갈 말로 가장 적절한 것은?   21 국가직 9급

> A group of young demonstrators attempted to _____ the police station.

① line up
② give out
③ carry on
④ break into

22 밑줄 친 부분의 의미와 가장 가까운 것은?   21 지방직 9급

> For many compulsive buyers, the act of purchasing, rather than what they buy, is what leads to gratification.

① liveliness
② confidence
③ tranquility
④ satisfaction

23 밑줄 친 부분에 들어갈 말로 가장 적절한 것은?   21 지방직 9급

> Globalization leads more countries to open their markets, allowing them to trade goods and services freely at a lower cost with greater _____.

① extinction
② depression
③ efficiency
④ caution

24 밑줄 친 부분에 들어갈 말로 가장 적절한 것은?   21 지방직 9급

> We're familiar with the costs of burnout: Energy, motivation, productivity, engagement, and commitment can all take a hit, at work and at home. And many of the _____ are fairly intuitive: Regularly unplug. Reduce unnecessary meetings. Exercise. Schedule small breaks during the day. Take vacations even if you think you can't afford to be away from work, because you can't afford not to be away now and then.

① fixes
② damages
③ prizes
④ complications

25 밑줄 친 부분에 들어갈 말로 가장 적절한 것은? 　　21 지방직 9급

> The government is seeking ways to soothe salaried workers over their increased tax burdens arising from a new tax settlement system. During his meeting with the presidential aides last Monday, the President _____ those present to open up more communication channels with the public.

① fell on
② called for
③ picked up
④ turned down

26 밑줄 친 부분의 의미와 가장 가까운 것은? 　　21 지방직 9급

> In studying Chinese calligraphy, one must learn something of the origins of Chinese language and of how they were originally written. However, except for those brought up in the artistic traditions of the country, its aesthetic significance seems to be very difficult to apprehend.

① encompass
② intrude
③ inspect
④ grasp

정답 및 해설

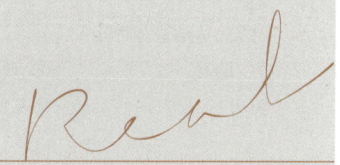

기출분석노트 이얼영어 www.modoogong.com

---

01 ②

---

02 ②

---

03 ④

---

04 ①

---

05 ②

[해석] 우리의 프로젝트에 대한 추가 설명은 다음 발표에서 주어질 예정이다.
① 필수의 ② 다음의
③ 발전한 ④ 보충의

---

06 ④

[해석] 풍속은 한 집단의 구성원들이 다른 사람들에게 예의를 보여주기 위해 따를 것으로 예상되는 관습이다. 예를 들어, 재채기를 할 때 "실례합니다"라고 말하는 것은 미국의 풍속이다.
① 자선 ② 겸손
③ 대담함 ④ 공손

---

07 ①

[해석] 이 아이들은 건강한 음식의 식단으로 길러져 왔다.
① 기르다 ② 충고하다
③ 관찰하다 ④ 통제하다

---

08 ①

[해석] 노예제는 미국에서 19세기까지 없어지지 않았다.
① 철폐하다 ② 동의하다
③ 비판하다 ④ 정당화하다

---

09 ①

[해석] 수 년 동안, 형사들은 쌍둥이 형제의 갑작스러운 실종 미스터리를 풀려고 노력해왔다.
① 풀다, 해결하다 ② 창조하다
③ 모방하다 ④ 알리다

---

10 ②

[해석] 부부가 부모가 되기 전에, 침실 4개짜리 집이 불필요하게 사치스러워 보였다.
① 숨겨진 ② 호화스러운, 사치스러운
③ 비어 있는 ④ 단단한

---

11 ④

[해석] 사장님은 우리가 그렇게 짧은 기간에 예산을 다 써버린 것을 보고 화가 났다.
① 매우 만족했다 ② 매우 놀랐다
③ 매우 침착해졌다 ④ 매우 화가 났다

---

12 ②

[해석] 마우스 포테이토(= 컴퓨터 앞에서 시간을 많이 보내는 사람)는 텔레비전의 카우치 포테이토(= 오랫동안 소파에 앉아 텔레비전만 보는 사람)와 컴퓨터에서 동일한 것으로, 텔레비전 앞에서 카우치 포테이토가 하는 것과 같은 방식으로 컴퓨터 앞에서 많은 여가 시간을 보내는 경향

이 있는 사람을 말한다.
① 기술자　　　　② 상응하는, 동등한
③ 망　　　　　　④ 모의실험, 흉내내기

13　　　　　　　　　　　　　　　　①

해석　Mary는 남미 가기 전에 스페인어를 복습하기로 결심했다.
① 복습하다　　　② 듣다
③ 지지하다　　　④ 그만두다

14　　　　　　　　　　　　　　　　②

해석　학교 선생님들은 학생들의 다른 능력 수준에 대처하기 위해 융통성이 있어야 한다.
① 강한　　　　　② 융통성 있는
③ 정직한　　　　④ 열정적인

15　　　　　　　　　　　　　　　　①

해석　농작물은 일부지역에서는 개선하고 다른 지역에서는 감소하면서 수확량이 달라진다.
① 달라지다　　　② 줄어들다
③ 팽창하다　　　④ 포함하다

16　　　　　　　　　　　　　　　　④

해석　나는 내 교육에 관해서 누구에게도 열등감을 느끼지 않는다.
① ~의 위기에 처한　② ~에도 불구하고
③ ~에 찬성하여　　④ ~에 관해서

17　　　　　　　　　　　　　　　　④

해석　때때로 우리는 다음 월급 훨씬 전에 돈을 다 쓴다.
① ~으로 변하다　② 다시 시작하다
③ ~을 참다　　　④ 다 써버리다

18　　　　　　　　　　　　　　　　①

해석　사회 관행으로서 사생활은 다른 사회적 관행과 함께 개인의 행동을 형성하고 그러므로 사회생활의 중심이 된다.
① ~와 결합하여　② ~와 비교하여
③ ~대신에　　　④ ~의 경우에

19　　　　　　　　　　　　　　　　②

해석　재즈의 영향은 너무 널리 퍼져있어서 대부분의 대중 음악은 재즈에 그것의 양식적 기원을 두고 있다.
① 기만의, 속임수의　② 만연한, 어디에나 있는
③ 설득적인　　　④ 재앙의

20　　　　　　　　　　　　　　　　②

해석　이 소설은 사업을 시작하기 위해 학교를 그만두는 제멋대로인 10대의 짜증이 난 부모님들에 관한 것이다.
① 냉담한　　　　② 짜증이 난
③ 명성있는　　　④ 자신감 있는

21　　　　　　　　　　　　　　　　④

해석　한 무리의 어린 시위대들은 경찰서에 침입하려고 시도했다.
① 줄을 서다　　　② 나누어 주다
③ 계속하다　　　④ 침입하다

22　　　　　　　　　　　　　　　　④

해석　많은 충동적인 구매자들에게, 구매행위는, 그들이 무엇을 사는지보다 만족으로 이끄는 것이다.
① 활기　　　　　② 자신감, 확신
③ 평온함　　　　④ 만족

23　　　　　　　　　　　　　　　　③

해석　세계화는 더 많은 나라들이 그들의 시장을 개방하도록 이끌어서, 그들이 더 큰 효율성으로, 더 낮은 비용으로 자유롭게 물건과 서비스를 거래하도록 한다.
① 멸종　　　　　② 낙담, 우울
③ 효율성　　　　④ 주의

24 ①

[해석] 우리는 번아웃(극도의 피로)의 대가에 익숙하다: 에너지, 동기, 생산성, 참여, 그리고 헌신은 직장 그리고 가정에서 모두 타격을 입힌다. 그리고 많은 해결책들은 상당히 직관적이다: 주기적으로 플러그를 뽑아라. 불필요한 만남을 줄여라. 운동해라. 하루동안 짧은 휴식시간을 계획해라. 일로부터 벗어날 여유가 없다고 생각하더라도 방학을 가져라. 왜냐하면 가끔 일에서 벗어날 여유가 없기 때문이다.

① 해결책 ② 손상
③ 상 ④ 문제

25 ②

[해석] 정부는 새로운 세금 결산 시스템에서 나타나는 그들의 늘어난 세금 부담에 관해 월급받는 직원들을 진정시키기 위한 방법들을 찾고 있다. 지난 월요일 대통령 보좌관들과의 회의에서, 대통령은 참석자들에게 대중과 더 많은 소통 채널을 열 것을 요구했다.

① ~의 책임이다 ② ~을 요구하다
③ 태우다, 회복하다, 계속하다 ④ 거절하다

26 ④

[해석] 중국 서예를 공부할 때, 사람들은 중국 언어의 기원과 그들이 원래 어떻게 쓰여졌는지를 배워야 한다. 하지만, 그 국가의 예술적 전통 속에서 자란 사람들을 제외하고는, 그것의 미적 의미를 이해하기가 매우 어려워 보인다.

① 포함하다 ② 방해하다
③ 조사하다, 점검하다 ④ 이해하다, 파악하다

Soar: 소오름

기출분석 노트

CHAPTER 3
문법

출제 트렌드 변화 후 시험을 가장 완벽하게 분석한 교재

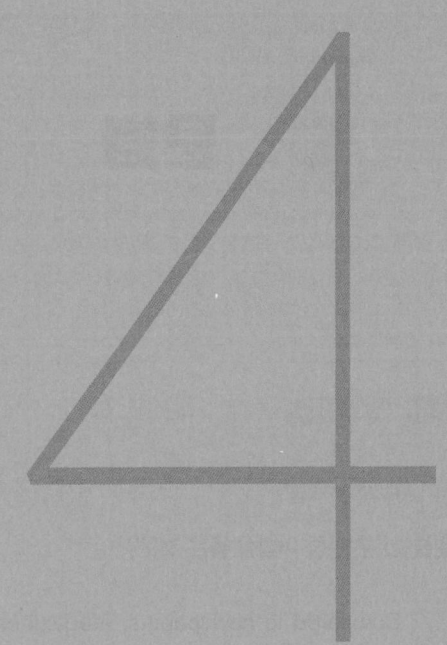

CHAPTER 3 · 문법

출제 트렌드 변화 후 시험을 가장 완벽하게 분석한 교재

기출분석노트   이얼영어 www.modoogong.com

1 옛날 문법

01 14 국가직 9급

밑줄 친 부분 중 어법상 옳은 것은?

> 틀리기 쉬운 타동사 resemble 암기해야 풀 수 있는 문제+ 입니다. 이제는 출제되지 않습니다.

Compared to newspapers, magazines are not necessarily up-to-the-minute, since they do not appear every day, but weekly, monthly, or even less frequently. Even externally they are different from newspapers, mainly because magazines ① <u>resemble like</u> a book. The paper is thicker, photos are more colorful, and most of the articles are relatively long. The reader experiences much more background information and greater detail. There are also weekly news magazines, ② <u>which reports on a number of topics</u>, but most of the magazines are specialized to attract various consumers. For example, there are ③ <u>women's magazines cover fashion, cosmetics, and recipes</u> as well as youth magazines about celebrities. Other magazines are directed toward, for example, computer users, sports fans, ④ <u>those interested in the arts</u>, and many other small groups.

02 15 기상직 9급

다음 중 밑줄 친 one이 어법상 어색한 것은?

① My lab coat needs cleaning. I'd like to borrow <u>one</u> this time.
② I need to buy a workbook. Would you recommend <u>one</u>?
③ My dad has a German dictionary and you can use <u>one</u>.
④ I'd like to buy a vacuum cleaner, so would you show me <u>one</u>.

> 부정대명사 one 파트를 완벽하게 암기해야 풀 수 있는 문제+ 입니다. 이제는 출제되지 않습니다.

03 15 서울시 9급

밑줄 친 부분 중 어법상 옳지 않은 것은?

> The cartoon character Sponge Bob Square Pants is ① in a hot water from a study ② suggesting that watching just nine minutes ③ of that program can cause short-term attention and learning problems ④ in 4-year-olds.

> in hot water 라는 숙어를 암기해야 풀 수 있는 문제+ 입니다. 이제는 출제되지 않습니다.

04 15 서울시 9급

> Most European countries failed ① to welcome Jewish refugees ② after the war, which caused ③ many Jewish people ④ immigrate elsewhere.

> immigrate VS emigrate 암기해야 풀 수 있는 문제+ 입니다. 이제는 출제되지 않습니다.

05 15 서울시 9급

> It was ① a little past 3 p.m. when 16 people gathered and sat cross-legged in a circle, blushing at the strangers they knew they'd ② be mingling with for the next two hours. Wearing figure-hugging tights and sleeveless tops in ③ a variety of shape and size, each person took turns sharing their names and native countries. ④ All but five were foreigners from places including the United States, Germany and the United Kingdom.

> a variety of + 복수명사 암기해야 풀 수 있는 문제+ 입니다. 이제는 출제되지 않습니다.

2 요즘 문법

01 23 국가직

어법상 옳지 않은 것은?

① All assignments are expected to be turned in on time.
② Hardly had I closed my eyes when I began to think of her.
③ The broker recommended that she buy the stocks immediately.
④ A woman with the tip of a pencil stuck in her head has finally had it remove.

> 어렵고 지엽적인 문법 암기 유형은 완전히 사라졌고, 출제되지 않습니다. + 이제 아래와 같은 문법이 많이 출제됩니다.
> 1. 동사 자리 / 동사모양
> 2. 도치
> 3. 동사모양
> 4. 준동사모양

02 23 국가직

밑줄 친 부분이 어법상 옳지 않은 것은?

① I should have gone this morning, but I was feeling a bit ill.
② These days we do not save as much money as we used to.
③ The rescue squad was happy to discover an alive man.
④ The picture was looked at carefully by the art critic.

> 출제 원리가 단순해졌습니다.
> 1. 동사 모양
> 2. 대동사 모양
> 3. 형용사 수식구조
> 4. 동사모양

03 22 국가직

밑줄 친 부분 중 어법상 옳지 않은 것은?

To find a good starting point, one must return to the year 1800 during ① which the first modern electric battery was developed. Italian Alessandro Volta found that a combination of silver, copper, and zinc ② were ideal for producing an electrical current. The enhanced design, ③ called a Voltaic pile, was made by stacking some discs made from these metals between discs made of cardboard soaked in sea water. There was ④ such talk about Volta's work that he was requested to conduct a demonstration before the Emperor Napoleon himself.

1. 접속사 선택
2. 동사모양
3. 동사모양/동사자리
4. 형용사 구조

04 22 지방직

어법상 옳지 않은 것을 고르시오.

① You can write on both sides of the paper.
② My home offers me a feeling of security, warm, and love.
③ The number of car accident is on the rise.
④ Had I realized what you were intending to do I would have stopped you.

1. 접속사
2. 접속사
3. 동사모양
4. 동사모양

3 기출 포인트 및 공부법 정리

문법 문제의 특징 변화

1 : 여러 단어에 동시에 밑줄을 긋는 형태의 문제가 사라졌다.

2 : 특정 어휘의 문법 성질을 암기해야 하는 문제가 사라졌다.

3 : 지엽적인 문법 문제의 출제가 사라졌다.

문법 문제의 출제 포인트 변화

1 : 실제로 문장을 구성하는데 가장 많이 쓰이는 문법인 접.주.동. 3가지 문법에서만 전체 문제의 80% 이상이 출제되고 있다.

2 : 나머지 20%도 영작에서 가장 중요한 형용사와, 어순 관련 문제만 출제되고 있다.

3 : 공무원에게 요구되는 가장 중요한 능력이 실질적인 영어 사용 능력, 즉, 영작 관련 문법에 대한 올바른 이해라는 점이 어느 때보다 명확하게 제시되고 있다.

공부 방향성 정리

1 : 두꺼운 문법책 압수

2 : 30강이 넘는 문법 강의 압수

3 : 문법의 체계를 잡는다면서 시험에 나오지도 않는 세부 문법들 압수

4 : 영작과 관련된 모든 문법은 정확하게 숙지해야 함

추후
학습 계획

4 23년 문법 기출 전 문항 정리

01 밑줄 친 부분 중 어법상 옳지 않은 것은?   23 국가직 9급

> While advances in transplant technology have made ① it possible to extend the life of individuals with end-stage organ disease, it is argued ② that the biomedical view of organ transplantation as a bounded event, which ends once a heart or kidney is successfully replaced, ③ conceal the complex and dynamic process that more ④ accurately represents the experience of receiving an organ.

02 어법상 옳지 않은 것은?   23 국가직 9급

① All assignments are expected to be turned in on time.
② Hardly had I closed my eyes when I began to think of her.
③ The broker recommended that she buy the stocks immediately.
④ A woman with the tip of a pencil stuck in her head has finally had it remove.

03 우리말을 영어로 잘못 옮긴 것은?   23 국가직 9급

① 내 고양이 나이는 그의 고양이 나이의 세 배이다.
   → My cat is three times as old as his.
② 우리는 그 일을 이번 달 말까지 끝내야 한다.
   → We have to finish the work until the end of this month.
③ 그녀는 이틀에 한 번 머리를 감는다.
   → She washes her hair every other day.
④ 너는 비가 올 경우에 대비하여 우산을 갖고 가는 게 낫겠다.
   → You had better take an umbrella in case it rains.

04 밑줄 친 부분 중 어법상 옳지 않은 것은?   23 지방직 9급

> One reason for upsets in sports—① in which the team ② predicted to win and supposedly superior to their opponents surprisingly loses the contest—is ③ what the superior team may not have perceived their opponents as ④ threatening to their continued success.

05 어법상 옳지 않은 것은?   23 국가직 9급

① I should have gone this morning, but I was feeling a bit ill.
② These days we do not save as much money as we used to.
③ The rescue squad was happy to discover an alive man.
④ The picture was looked at carefully by the art critic.

06 우리말을 영어로 잘못 옮긴 것은?   23 지방직 9급

① 우리는 그의 연설에 감동하게 되었다.
 → We were made touching with his speech.
② 비용은 차치하고 그 계획은 훌륭한 것이었다.
 → Apart from its cost, the plan was a good one.
③ 그들은 뜨거운 차를 마시는 동안에 일몰을 보았다.
 → They watched the sunset while drinking hot tea.
④ 과거 경력 덕분에 그는 그 프로젝트에 적합하였다.
 → His past experience made him suited for the project.

07 어법상 옳은 것은? 22 국가직 9급

① A horse should be fed according to its individual needs and the nature of its work.
② My hat was blown off by the wind while walking down a narrow street.
③ She has known primarily as a political cartoonist throughout her career.
④ Even young children like to be complimented for a job done good.

08 밑줄 친 부분 중 어법상 옳지 않은 것은? 22 국가직 9급

To find a good starting point, one must return to the year 1800 during ① which the first modern electric battery was developed. Italian Alessandro Volta found that a combination of silver, copper, and zinc ② were ideal for producing an electrical current. The enhanced design, ③ called a Voltaic pile, was made by stacking some discs made from these metals between discs made of cardboard soaked in sea water. There was ④ such talk about Volta's work that he was requested to conduct a demonstration before the Emperor Napoleon himself.

09 우리말을 영어로 잘못 옮긴 것을 고르시오. 22 국가직 9급

① 우리가 영어를 단시간에 배우는 것은 결코 쉬운 일이 아니다.
→ It is by no means easy for us to learn English in a short time.
② 우리 인생에서 시간보다 더 소중한 것은 없다.
→ Nothing is more precious as time in our life.
③ 아이들은 길을 건널 때 아무리 조심해도 지나치지 않다.
→ Children cannot be too careful when crossing the street.
④ 그녀는 남들이 말하는 것을 쉽게 믿는다.
→ She easily believes what others say.

10 우리말을 영어로 잘못 옮긴 것을 고르시오. 22 국가직 9급

① 커피 세 잔을 마셨기 때문에, 그녀는 잠을 이룰 수 없다.
→ Having drunk three cups of coffee, she can't fall asleep.
② 친절한 사람이어서, 그녀는 모든 이에게 사랑받는다.
→ Being a kind person, she is loved by everyone.
③ 모든 점이 고려된다면, 그녀가 그 직위에 가장 적임인 사람이다.
→ All things considered, she is the best-qualified person for the position.
④ 다리를 꼰 채로 오랫동안 앉아 있는 것은 혈압을 상승시킬 수 있다.
→ Sitting with the legs crossing for a long period can raise blood pressure.

11 어법상 옳지 않은 것을 고르시오. 22 지방직 9급

① He asked me why I kept coming back day after day.
② Toys children wanted all year long has recently discarded.
③ She is someone who is always ready to lend a helping hand.
④ Insects are often attracted by scents that aren't obvious to us.

12 어법상 옳지 않은 것을 고르시오. 22 지방직 9급

① You can write on both sides of the paper.
② My home offers me a feeling of security, warm, and love.
③ The number of car accident is on the rise.
④ Had I realized what you were intending to do I would have stopped you.

13 우리말을 영어로 잘못 옮긴 것을 고르시오. 22 지방직 9급

① 나는 단 한 푼의 돈도 낭비할 수 없다.
  → I can afford to waste even one cent.
② 그녀의 얼굴에서 미소가 곧 사라졌다.
  → The smile soon faded from her face.
③ 그녀는 사임하는 것 외에는 대안이 없었다.
  → She had no alternative but to resign.
④ 나는 5년 후에 내 사업을 시작할 작정이다.
  → I'm aiming to start my own business in five years.

14 우리말을 영어로 잘못 옮긴 것을 고르시오. 22 지방직 9급

① 식사를 마치자 마자 나는 다시 배고프기 시작했다.
  → No sooner I haver finishing the meal than I started feeling hungry again.
② 그녀는 조만간 요금을 내야만 할 것 이다.
  → She will have to pay the bill sooner or later
③ 독서와 정신의 관계는 운동과 신체의 관계와 같다.
  → Reading is to the mind what exercise is to the body.
④ 그는 대학에서 의학을 공부했으나 결국 회계 회사에서 일하게 되었다.
  → He studied medicine at university but ended up working for an accounting firm.

15 어법상 옳은 것은?   21 국가직 9급

① This guide book tells you where should you visit in Hong Kong.
② I was born in Taiwan, but I have lived in Korea since I started work.
③ The novel was so excited that I lost track of time and missed the bus.
④ It's not surprising that book stores don't carry newspapers any more, doesn't it?

16 밑줄 친 부분 중 어법상 옳지 않은 것은?   21 국가직 9급

> Urban agriculture (UA) has long been dismissed as a fringe activity that has no place in cities; however, its potential is beginning to ① be realized. In fact, UA is about food self-reliance: it involves ② creating work and is a reaction to food insecurity, particularly for the poor. Contrary to ③ which many believe, UA is found in every city, where it is sometimes hidden, sometimes obvious. If one looks carefully, few spaces in a major city are unused. Valuable vacant land rarely sits idle and is often taken over—either formally, or informally—and made ④ productive.

17 우리말을 영어로 잘못 옮긴 것을 고르시오.   21 지방직 9급

① 그의 소설들은 읽기가 어렵다.
  → His novels are hard to read.
② 학생들을 설득하려고 해 봐야 소용없다.
  → It is no use trying to persuade the students.
③ 나의 집은 5년마다 페인트칠 된다.
  → My house is painted every five years.
④ 내가 출근할 때 한 가족이 위층에 이사 오는 것을 보았다.
  → As I went out for work, I saw a family moved in upstairs.

18 우리말을 영어로 잘못 옮긴 것을 고르시오.   21 지방직 9급

① 경찰 당국은 자신의 이웃을 공격했기 때문에 그 여성을 체포하도록 했다.
  → The police authorities had the woman arrested for attacking her neighbor.
② 네가 내는 소음 때문에 내 집중력을 잃게 하지 마라.
  → Don't let me distracted by the noise you make.
③ 가능한 한 빨리 제가 결과를 알도록 해 주세요.
  → Please let me know the result as soon as possible.
④ 그는 학생들에게 모르는 사람들에게 전화를 걸어 성금을 기부할 것을 부탁하도록 시켰다.
  → He had the students phone strangers and ask them to donate money.

19 어법상 옳은 것은?   21 지방직 9급

① My sweet-natured daughter suddenly became unpredictably.
② She attempted a new method, and needless to say had different results.
③ Upon arrived, he took full advantage of the new environment.
④ He felt enough comfortable to tell me about something he wanted to do.

20 어법상 옳지 않은 것은?   21 지방직 9급

① Fire following an earthquake is of special interest to the insurance industry.
② Word processors were considered to be the ultimate tool for a typist in the past.
③ Elements of income in a cash forecast will be vary according to the company's circumstances.
④ The world's first digital camera was created by Steve Sasson at Eastman Kodak in 1975.

정답 및 해설

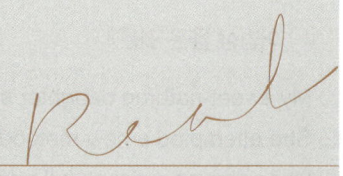

기출분석노트   이얼영어 www.modoogong.com

01 ③
해석 문장의 주어는 'the biomedical view'이므로 동사도 복수가 아닌 단수로 수일치를 해야 한다. 따라서 'conceal'이 아니라 'conceals'로 써야 한다.

02 ④
해석 이 문장에서 사역동사 'have'는 목적어와 목적격 보어 관계가 능동이면 동사원형을, 수동이면 p.p를 쓴다. 'it'은 앞에 나온 'the tip of a pencil'을 가리키고, 연필 끝이 '제거되는 것' 이므로 수동관계이다. 따라서, 'remove'가 아니라 'removed'로 써야 한다.

03 ②
해석 주로 until은 '지속'을 나타낼 때 사용하고, by는 '완료'를 나타낼 때 사용한다. '이번 달 말까지는 (기한, 동작, 상태의) 완료를 뜻하므로, 'until'이 아니라 'by'를 써야 적절하다.

04 ③
해석 what 다음의 문장은 불완전한 절이 와야 하지만, 현재 이 문장에서 what 다음의 문장은 완전한 절이다. 따라서 'what' 대신 'that'을 써야 한다.

05 ③
해석 'alive'는 보어로만 쓰이며, 명사를 수식하는 데에는 쓰이지 않는다. 따라서 'a man alive'로 써야 한다.

06 ①
해석 우리가 '감동받은' 것이므로 수동 과거분사 형태인 'touched'로 써야 한다.

07 ①
해석 ② 주절의 주어와 분사구문의 주어가 같은 경우에만 주어를 생략할 수 있다. 분사인 walking의 주어가 'My hat'이라면, 나의 모자가 걷는 것이 되므로 주술관계가 성립되지 않는다. 따라서, 'while walking'이 아니라 'while I walked down'으로 써야 한다.
③ 문맥상, 그녀가 '알려졌다'의 의미가 옳으므로, 'know'는 수동의 형태로 쓰여야 한다. 따라서, 'has known'이 아니라 'has been known'으로 쓰여야 한다.
④ 'good'은 형용사이므로 분사인 'done'을 수식할 수 없고, 부사 형태인 'well'을 써야 한다.

08 ②
해석 ② 문장의 주어는 'a combination'이므로 'were'이 아니라 'was'이다.

09 ②
해석 ② 문장에 'more'의 비교급이 쓰였으므로, 'as'(원급비교)가 아닌 'than'을 써야 한다.

10 ④
해석 ④ 'with+O+O.C' (O가 O.C 한 채로~)의 구문으로, 다리가 '꼬아진' 것은 수동형태이므로 'crossing'이 아니라 'crossed' 써야 한다.

11 ②
해석 주어는 Toys이고, 복수형태이므로 동사는 has가 아닌 have로 써야 한다.

12   ②

해석　security, warm, love가 and로 연결되어 있는데, security와 love는 명사형태이지만 warm은 형용사이다. 등위접속사로 연결되려면 같은 품사로 연결되어야 하므로 warm이 아니라 명사형태인 warmth로 써야 한다.

13   ①

해석　'낭비할 수 없다'는 부정의 의미이므로 'can'이 아니라 'cannnot'으로 써야 한다.

14   ①

해석　'No sooner had+주어+p.p~ than 주어+과거동사'(~하자마자 ~했다)를 사용할 경우 No sooner 뒤 주어+동사는 도치가 발생한다. 또한, No sooner 뒤 동사는 과거완료 시제를 써야 한다. 따라서 'No sooner had I finished'로 써야 한다.

15   ②

해석　① 간접의문문 어순은 '의문사+주어+동사'이므로, 'where should you visit'가 아니라 'where you should visit'로 고쳐야 한다.
③ 소설이 '흥미로운 것' 이므로 능동관계이다. 따라서 'excited'가 아니라 'exciting'으로 써야한다.
④ 'It's not surprising~'에 대한 부가의문문을 써야 하므로 'doesn't it?'이 아니라 'isn't it?'으로 써야 한다.

16   ③

해석　전치사 to의 목적어로 명사절을 이끌 수 있어야 하며, many believe는 불완전절을 이끌어야 하므로 which가 아니라 what을 써야 한다.

17   ④

해석　지각동사 see는 목적어와 목적격보어의 관계가 능동이라면 동사원형이나 현재분사로 쓴다. 목적어인 'a family'와 'move'의 관계는 능동관계이므로 moved가 아니라 move나 moving으로 써야 한다.

18   ②

해석　사역동사 let은 목적어와 목적격보어의 관계가 수동이라면 목적격보어는 be pp 형태로 쓴다. 목적어 'me'와 'distract'의 관계는 수동이므로 목적격 보어는 distracted가 아닌 be distracted로 써야 한다.

19   ②

해석　① become은 형용사 형태의 보어를 취한다. 따라서 unpredictably가 아니라 unpredictable으로 써야 한다.
③ upon은 전치사이고, 'upon -ing'는 '~하자마자'를 의미하는 표현이므로 arrived가 아닌 arriving으로 써야 한다.
④ 부사 enough는 부사나 형용사를 수식할 때 그 부사나 형용사 뒤에서 수식한다. 따라서 'enough comfortable' 이 아니라 'comfortable enough'로 써야 한다.

20   ③

해석　vary는 자동사이므로 수동형태로 쓸 수 없다.

Soar : 소오름
기출분석 노트

CHAPTER 4
독해 A
요지, 제목, 흐름

출제 트렌드 변화 후 시험을 가장 완벽하게 분석한 교재

CHAPTER 4 · 독해 A [요지, 제목, 흐름]

1 옛날 독해

01 11 9급 공채

다음 글의 제목으로 가장 적합한 것은?

As the weather changes, joggers, like some exotic species of bird, begin to molt. On frigid winter days, when the wind and snow sweep down from Canada, the joggers wear heavy layers of clothes. Ski masks cover their faces, woolen caps hide their hair, and heavy scarves are wrapped snugly around their necks. Gradually, however, the weather warms, and the bulky layers of clothes are peeled away. First, lightweight jogging suits in terrycloth, velour, and even plastic dot the paths in parks and along streets. As spring changes to summer, winter-pale legs and arms begin to appear, covered only partially by shorts and T-shirts.

① Fashionable clothes in Canada
② The latest fashion in jogging suits
③ How to choose a proper jogging suit
④ The effect of weather on joggers' fashion

> 2010년대 공시 독해의 특징은 지문의 길이가 짧고, 핵심 어휘의 수준이 상대적으로 낮습니다. 이런 유형은 이제 출제되지 않아요.

02 11 9급 공채

다음 글에서 전체적인 흐름과 관계없는 문장은?

> 가장 어려운 유형의 문제이지만 핵심 어휘인 service-related fields를 파악하면, 3번 선택지의 traditional types of jobs가 흐름과 관계없다는 것을 알 수 있습니다.

According to government figures, the preponderance of jobs in the next century will be in service-related fields, such as health and business. ① Jobs will also be plentiful in technical fields and in retail establishments, such as stores and restaurants. ② The expansion in these fields is due to several factors: an aging population, numerous technical breakthroughs, and our changing lifestyles. ③ However, people still prefer the traditional types of jobs which will be highly-paid in the future. ④ So the highest-paying jobs will go to people with degrees in science, computers, engineering, and health care.

03 12 9급 공채

다음 글의 제목으로 가장 적절한 것을 고르시오.

Taking time to clear your mind through meditation can boost your spirits and your immunity. Psychologist, Richard Davidson, gave 40 people a flu vaccine. Half of them followed a regular meditation schedule for an hour a day, six days a week. The others just got the vaccine. After eight weeks, the meditators had higher levels of flu-fighting antibodies than those who didn't meditate. They were also better able to deal with stress and had increased activity in the area of the brain linked to good moods. "Meditation produces measurable biological changes in the brain and body," says Davidson. "It is safe and can be of great benefit."

① Relationship between Flu Vaccine and Antibody
② Process of Forming Immune System
③ Length of Meditation and Stress
④ Positive Effects of Meditation

> 지문과 보기에 제시된 어휘들의 수준이 상대적으로 낮으며, 문단의 길이가 짧아서 쉽고 빠르게 답을 찾을 수 있는 유형입니다. 이젠 출제되지 않습니다.

04 12 9급 공채

Active listeners listen with their ears, their eyes, and their mind. They take in the objective information by listening to the literal words that are spoken. But every spoken message contains more than words. Speakers also communicate subjective information—their feelings and emotions—through other vocal sounds and nonverbal signals. These include verbal intonations such as loudness, emphasis, hesitations, voice movements, facial expressions, body posture, and hand gestures. By listening for feelings and emotions as well as for literal words, you can grasp the total meaning behind the speaker's message. Yet, no matter how good you become at listening for total meaning, there still remains the potential for misunderstanding. That's why the active listener verifies completeness by asking questions. The use of questions can uncover distortions and clarify misunderstandings.

① Methods of Good Listening
② Verbal Skills for Effective Listening
③ Importance of Asking Questions in Listening
④ Relationship between Listening and Emotion

> 지문과 보기에 제시된 어휘들의 수준이 상대적으로 낮으며, 문단의 길이가 짧아서 쉽고 빠르게 답을 찾을 수 있는 유형입니다. 이젠 출제되지 않습니다.

05 12 9급 공채

다음 글의 요지로 가장 적절한 것은?

No matter how satisfying our work is, it is a mistake to rely on work as our only source of satisfaction. Just as humans need a varied diet to supply a variety of needed vitamins and minerals to maintain health, so we need a varied diet of activities that can supply a sense of enjoyment and satisfaction. Some experts suggest that one can start by making an inventory—a list of the things you enjoy doing, your talents and interests, and even new things that you think you might enjoy if you tried them. It may be gardening, cooking, a sport, learning a new language, or volunteer work. If you shift your interest and attention to other activities for a while, eventually the cycle will swing again, and you can return to your work with renewed interest and enthusiasm.

① 다양한 비타민 섭취를 통해 건강한 삶을 유지할 수 있다.
② 성공적인 직장 생활은 일 자체를 즐김으로써 이루어진다.
③ 만족스러운 삶을 위해서는 일 외의 다양한 활동이 필요하다.
④ 직장과 가정 생활의 조화가 업무 효율성을 높이는 지름길

> 지문의 어휘도 상대적으로 쉽지만, 선택지가 한국말로 제시되어 있어 더욱 접근하기 쉬운 유형입니다. 앞으로 출제될 가능성이 매우 낮아요.

2 요즘 독해

01 17 국가직

글의 흐름상 가장 어색한 문장은?

Children's book awards have proliferated in recent years; today, there are well over 100 different awards and prizes by a variety of organizations. ① The awards may be given for books of a specific genre or simply for the best of all children's books published within a given time period. An award may honor a particular book or an author for a lifetime contribution to the world of children's literature. ② Most children's book awards are chosen by adults, but now a growing number of children's choice book awards exist. The larger national awards given in most countries are the most influential and have helped considerably to raise public awareness about the fine books being published for young readers. ③ An award ceremony for outstanding services to the publishing industry is put on hold. ④ Of course, readers are wise not to put too much faith in award-winning books. An award doesn't necessarily mean a good reading experience, but it does provide a starting place when choosing books.

> 한 눈에 봐도 지문의 난이도와 어휘 수준이 급상승했습니다. 밑줄로 제시된 문장들 사이 사이에도 문장들이 들어있어서, 답을 찾기가 더욱 어려워졌습니다. 이런 방향성은 계속 이어질 전망입니다.

02 23 국가직

다음 글의 흐름상 어색한 문장은?

In our monthly surveys of 5,000 American workers and 500 U.S. employers, a huge shift to hybrid work is abundantly clear for office and knowledge workers. ① An emerging norm is three days a week in the office and two at home, cutting days on site by 30 % or more. You might think this cutback would bring a huge drop in the demand for office space. ② But our survey data suggests cuts in office space of 1 % to 2 % on average, implying big reductions in density not space. We can understand why. High density at the office is uncomfortable and many workers dislike crowds around their desks. ③ Most employees want to work from home on Mondays and Fridays. Discomfort with density extends to lobbies, kitchens, and especially elevators. ④ The only sure-fire way to reduce density is to cut days on site without cutting square footage as much. Discomfort with density is here to stay according to our survey evidence.

> 한 눈에 봐도 지문의 난이도와 어휘 수준이 급상승했습니다. 밑줄로 제시된 문장들 사이 사이에도 문장들이 들어있어서, 답을 찾기가 더욱 어려워졌습니다. 이런 방향성은 계속 이어질 전망입니다.

03 21 국가직

다음 글의 제목으로 가장 적절한 것은?

Warming temperatures and loss of oxygen in the sea will shrink hundreds of fish species – from tunas and groupers to salmon, thresher sharks, haddock and cod – even more than previously thought, a new study concludes. Because warmer seas speed up their metabolisms, fish, squid and other water-breathing creatures will need to draw more oxygen from the ocean. At the same time, warming seas are already reducing the availability of oxygen in many parts of the sea. A pair of University of British Columbia scientists argue that since the bodies of fish grow faster than their gills, these animals eventually will reach a point where they can't get enough oxygen to sustain normal growth. "What we found was that the body size of fish decreases by 20 to 30 percent for every 1 degree Celsius increase in water temperature," says author William Cheung.

① Fish Now Grow Faster than Ever
② Oxygen's Impact on Ocean Temperatures
③ Climate Change May Shrink the World's Fish
④ How Sea Creatures Survive with Low Metabolism

> 지문의 길이가 길어지고 어휘와 다루는 주제들도 무거워졌습니다. 무엇보다 선택지 해석이 점점 어려워지는 것을 파악할 수 있습니다. 이러한 추세는 계속됩니다.

04 22 국가직

다음 글의 제목으로 가장 적절한 것은?

Do people from different cultures view the world differently? A psychologist presented realistic animated scenes of fish and other underwater objects to Japanese and American students and asked them to report what they had seen. Americans and Japanese made about an equal number of references to the focal fish, but the Japanese made more than 60 percent more references to background elements, including the water, rocks, bubbles, and inert plants and animals. In addition, whereas Japanese and American participants made about equal numbers of references to movement involving active animals, the Japanese participants made almost twice as many references to relationships involving inert, background objects. Perhaps most tellingly, the very first sentence from the Japanese participants was likely to be one referring to the environment, whereas the first sentence from Americans was three times as likely to be one referring to the focal fish.

① Language Barrier Between Japanese and Americans
② Associations of Objects and Backgrounds in the Brain
③ Cultural Differences in Perception
④ Superiority of Detail-oriented People

> 21년에서 22년으로 넘어오면서, 문장 구조는 더 복잡해졌습니다. 무엇보다 선택지를 애매하게 해석하고 넘어가면 절대 정답을 찾을 수 없는 형태로 문제가 진화했습니다.

05 23 지방직

다음 글의 제목으로 알맞은 것은?

Well-known author Daniel Goleman has dedicated his life to the science of human relationships. In his book Social Intelligence he discusses results from neuro-sociology to explain how sociable our brains are. According to Goleman, we are drawn to other people's brains whenever we engage with another person. The human need for meaningful connectivity with others, in order to deepen our relationships, is what we all crave, and yet there are countless articles and studies suggesting that we are lonelier than we ever have been and loneliness is now a world health epidemic. Specifically, in Australia, according to a national Lifeline survey, more than 80 % of those surveyed believe our society is becoming a lonelier place. Yet, our brains crave human interaction.

① Lonely People
② Sociable Brains
③ Need for Mental Health Survey
④ Dangers of Human Connectivity

> 23년에는 지문은 다소 짧아졌으나, 정답을 찾기 위해서는 더 정확하고 정교한 해석 능력을 요구하는 형태의 문제가 출제되었습니다. 단순히 선택지를 해석하는 것에 그치지 않고 선택지가 의미하는 내용을 정확하게 추론해야 정답을 찾을 수 있는 형태의 문제가 출제되기 시작했습니다.

06　21 국가직

다음 글의 주제로 가장 적절한 것은?

During the late twentieth century socialism was on the retreat both in the West and in large areas of the developing world. During this new phase in the evolution of market capitalism, global trading patterns became increasingly interlinked, and advances in information technology meant that deregulated financial markets could shift massive flows of capital across national boundaries within seconds. 'Globalization' boosted trade, encouraged productivity gains and lowered prices, but critics alleged that it exploited the low-paid, was indifferent to environmental concerns and subjected the Third World to a monopolistic form of capitalism. Many radicals within Western societies who wished to protest against this process joined voluntary bodies, charities and other non-governmental organizations, rather than the marginalized political parties of the left. The environmental movement itself grew out of the recognition that the world was interconnected, and an angry, if diffuse, international coalition of interests emerged.

① The affirmative phenomena of globalization in the developing world in the past
② The decline of socialism and the emergence of capitalism in the twentieth century
③ The conflict between the global capital market and the political organizations of the left
④ The exploitative characteristics of global capitalism and diverse social reactions against it

> 주제 문제의 경우, 1-4번의 보기 해석이 길고 복잡해졌습니다. 정답을 맞추기 위해 요구되는 해석 능력이 매우 높아졌다는 것을 알 수 있습니다.

07　23 지방직

다음 글의 주제로 가장 적절한 것은?

Certainly some people are born with advantages (e.g., physical size for jockeys, height for basketball players, an "ear" for music for musicians). Yet only dedication to mindful, deliberate practice over many years can turn those advantages into talents and those talents into successes. Through the same kind of dedicated practice, people who are not born with such advantages can develop talents that nature put a little farther from their reach. For example, even though you may feel that you weren't born with a talent for math, you can significantly increase your mathematical abilities through mindful, deliberate practice. Or, if you consider yourself "naturally" shy, putting in the time and effort to develop your social skills can enable you to interact with people at social occasions with energy, grace, and ease.

① advantages some people have over others
② importance of constant efforts to cultivate talents
③ difficulties shy people have in social interactions
④ need to understand one's own strengths and weaknesses

> 주제 문제의 경우, 1-4번의 보기 해석이 길고 복잡해졌습니다. 정답을 맞추기 위해 요구되는 해석 능력이 매우 높아졌다는 것을 알 수 있습니다.

3 기출 포인트 및 공부법 정리

독해 문제의 특징 변화

1 : 지문의 길이가 길어졌다.

2 : 독해의 어휘 수준, 구문 수준이 급상승했다.

3 : 단순 해석이 아닌 추론 능력을 요구하는 문제들이 늘어나고 있다.

독해 문제의 출제 포인트 변화

1 : 대략적인 내용 파악 (SKIP, SKIM) 능력을 파악하는 문제는 도태되었다.

2 : 정확한 문장 해석 능력을 요구하는 문제들이 늘어나고 있으며, 어휘 수준도 높아졌기 때문에, 문맥상 의미 추론 능력이 가장 중요하게 요구되고 있다.

3 : 단순 해석 뿐 아니라, 해당 표현이 함축하고 있는 내용을 읽어내는 추론 능력을 파악하는 것이 가장 두드러지는 변화라고 할 수 있다.

공부 방향성 정리

1 : 아는 단어들 위주로 끼워 맞추는 대략적인 독해 OUT

2 : 5형식 이론에 끼워 맞춘 단순 해석 OUT

3 : 자기가 해석하고도 무슨 말인지 모르는 패턴 해석 OUT

4 : 문장 해석 후 각 문장 앞 뒤에 나오는 내용까지 추론하는 연습이 필요

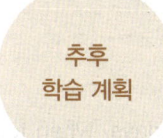

4 23년 독해A 기출 전 문항 정리

01 다음 글의 주제로 알맞은 것은?　　　　　23 국가직 9급

　There are times, like holidays and birthdays, when toys and gifts accumulate in a child's life. You can use these times to teach a healthy nondependency on things. Don't surround your child with toys. Instead, arrange them in baskets, have one basket out at a time, and rotate baskets occasionally. If a cherished object is put away for a time, bringing it out creates a delightful remembering and freshness of outlook. Suppose your child asks for a toy that has been put away for a while. You can direct attention toward an object or experience that is already in the environment. If you lose or break a possession, try to model a good attitude ("I appreciated it while I had it!") so that your child can begin to develop an attitude of nonattachment. If a toy of hers is broken or lost, help her to say, "I had fun with that."

① building a healthy attitude toward possessions
② learning the value of sharing toys with others
③ teaching how to arrange toys in an orderly manner
④ accepting responsibility for behaving in undesirable ways

02 다음 글의 요지로 알맞은 것은?   23 국가직 9급

Many parents have been misguided by the "self-esteem movement," which has told them that the way to build their children's self-esteem is to tell them how good they are at things. Unfortunately, trying to convince your children of their competence will likely fail because life has a way of telling them unequivocally how capable or incapable they really are through success and failure. Research has shown that how you praise your children has a powerful influence on their development. Some researchers found that children who were praised for their intelligence, as compared to their effort, became overly focused on results. Following a failure, these same children persisted less, showed less enjoyment, attributed their failure to a lack of ability, and performed poorly in future achievement efforts. Praising children for intelligence made them fear difficulty because they began to equate failure with stupidity.

① Frequent praises increase self-esteem of children.
② Compliments on intelligence bring about negative effect.
③ A child should overcome fear of failure through success.
④ Parents should focus on the outcome rather than the process.

03 다음 글의 주제로 가장 적절한 것은? 23 지방직 9급

Certainly some people are born with advantages (e.g., physical size for jockeys, height for basketball players, an "ear" for music for musicians). Yet only dedication to mindful, deliberate practice over many years can turn those advantages into talents and those talents into successes. Through the same kind of dedicated practice, people who are not born with such advantages can develop talents that nature put a little farther from their reach. For example, even though you may feel that you weren't born with a talent for math, you can significantly increase your mathematical abilities through mindful, deliberate practice. Or, if you consider yourself "naturally" shy, putting in the time and effort to develop your social skills can enable you to interact with people at social occasions with energy, grace, and ease.

① advantages some people have over others
② importance of constant efforts to cultivate talents
③ difficulties shy people have in social interactions
④ need to understand one's own strengths and weaknesses

04 다음 글의 요지로 가장 적절한 것은? 23 지방직 9급

Dr. Roossinck and her colleagues found by chance that a virus increased resistance to drought on a plant that is widely used in botanical experiments. Their further experiments with a related virus showed that was true of 15 other plant species, too. Dr. Roossinck is now doing experiments to study another type of virus that increases heat tolerance in a range of plants. She hopes to extend her research to have a deeper understanding of the advantages that different sorts of viruses give to their hosts. That would help to support a view which is held by an increasing number of biologists, that many creatures rely on symbiosis, rather than being self-sufficient.

① Viruses demonstrate self-sufficiency of biological beings.
② Biologists should do everything to keep plants virus-free.
③ The principle of symbiosis cannot be applied to infected plants.
④ Viruses sometimes do their hosts good, rather than harming them.

05 다음 글의 요지로 적절한 것은?   22 국가직 9급

If someone makes you an offer and you're legitimately concerned about parts of it, you're usually better off proposing all your changes at once. Don't say, "The salary is a bit low. Could you do something about it?" and then, once she's worked on it, come back with "Thanks. Now here are two other things I'd like..." If you ask for only one thing initially, she may assume that getting it will make you ready to accept the offer (or at least to make a decision). If you keep saying "and one more thing...." she is unlikely to remain in a generous or understanding mood. Furthermore, if you have more than one request, don't simply mention all the things you want-A, B, C, and D; also signal the relative importance of each to you. Otherwise, she may pick the two things you value least, because they're pretty easy to give you, and feel she's met you halfway.

① Negotiate multiple issues simultaneously, not serially.
② Avoid sensitive topics for a successful negotiation.
③ Choose the right time for your negotiation.
④ Don't be too direct when negotiating salary.

06 다음 글의 요지로 가장 적절한 것은?

22 지방직 9급

In one study, done in the early 1970s when young people tended to dress in their "hippie" or "straight" fashion, experimenters donned hippie or straight attire and asked college students on campus for a dime to make a phone call. When the experimenter was dressed in the same way as the student, the request was granted in more than two-thirds of the instances; when the student and requester were dissimilarly dressed, the dime was provided less than half the time. Another experiment showed how automatic our positive response to similar others can be.

Marchers in an antiwar demonstration were found to be more likely to sign the petition of a similarly dressed requester and to do so without bothering to read it first.

① People are more likely to help those who dress like themselves.
② Dressing up formally increases the chance of signing the petition.
③ Making a phone call is an efficient way to socialize with other students.
④ Some college students in the early 1970s were admired for their unique fashion.

07 다음 글의 주제로 가장 적절한 것은?   21 국가직 9급

During the late twentieth century socialism was on the retreat both in the West and in large areas of the developing world. During this new phase in the evolution of market capitalism, global trading patterns became increasingly interlinked, and advances in information technology meant that deregulated financial markets could shift massive flows of capital across national boundaries within seconds. 'Globalization' boosted trade, encouraged productivity gains and lowered prices, but critics alleged that it exploited the low-paid, was indifferent to environmental concerns and subjected the Third World to a monopolistic form of capitalism. Many radicals within Western societies who wished to protest against this process joined voluntary bodies, charities and other non-governmental organizations, rather than the marginalized political parties of the left. The environmental movement itself grew out of the recognition that the world was interconnected, and an angry, if diffuse, international coalition of interests emerged

① The affirmative phenomena of globalization in the developing world in the past
② The decline of socialism and the emergence of capitalism in the twentieth century
③ The conflict between the global capital market and the political organizations of the left
④ The exploitative characteristics of global capitalism and diverse social reactions against it

08 다음 글의 요지로 가장 적절한 것은? 21 지방직 9급

"In Judaism, we're largely defined by our actions," says Lisa Grushcow, the senior rabbi at Temple Emanu-El-Beth Sholom in Montreal. "You can't really bean armchair do-gooder." This concept relates to the Jewish notion of tikkun olam, which translates as "to repair the world." Our job as human beings, she says, "is to mend what's been broken. It's incumbent on us to not only take care of ourselves and each other but also to build a better world around us." This philosophy conceptualizes goodness as something based in service. Instead of asking "Am I a good person?" you may want to ask "What good do I do in the world?" Grushcow's temple puts these beliefs into action inside and outside their community. For instance, they sponsored two refugee families from Vietnam to come to Canada in the 1970s.

① We should work to heal the world.
② Community should function as a shelter.
③ We should conceptualize goodness as beliefs.
④ Temples should contribute to the community.

09 다음 글의 흐름상 어색한 문장은? 23 국가직 9급

In our monthly surveys of 5,000 American workers and 500 U.S. employers, a huge shift to hybrid work is abundantly clear for office and knowledge workers. ① An emerging norm is three days a week in the office and two at home, cutting days on site by 30 % or more. You might think this cutback would bring a huge drop in the demand for office space. ② But our survey data suggests cuts in office space of 1 % to 2 % on average, implying big reductions in density not space. We can understand why. High density at the office is uncomfortable and many workers dislike crowds around their desks. ③ Most employees want to work from home on Mondays and Fridays. Discomfort with density extends to lobbies, kitchens, and especially elevators. ④ The only sure-fire way to reduce density is to cut days on site without cutting square footage as much. Discomfort with density is here to stay according to our survey evidence.

10 주어진 문장이 들어갈 위치로 알맞은 것은? 23 국가직 9급

They installed video cameras at places known for illegal crossings, and put live video feeds from the cameras on a Web site.

Immigration reform is a political minefield. (①) About the only aspect of immigration policy that commands broad political support is the resolve to secure the U.S. border with Mexico to limit the flow of illegal immigrants. (②) Texas sheriffs recently developed a novel use of the Internet to help them keep watch on the border. (③) Citizens who want to help monitor the border can go online and serve as "virtual Texas deputies." (④) If they see anyone trying to cross the border, they send a report to the sheriff's office, which follows up, sometimes with the help of the U.S. Border Patrol.

11 다음 글의 흐름상 어색한 문장은? 23 지방직 9급

I once took a course in short-story writing and during that course a renowned editor of a leading magazine talked to our class. ① He said he could pick up any one of the dozens of stories that came to his desk every day and after reading a few paragraphs he could feel whether or not the author liked people. ② "If the author doesn't like people," he said, "people won't like his or her stories." ③ The editor kept stressing the importance of being interested in people during his talk on fiction writing. ④ Thurston, a great magician, said that every time he went on stage he said to himself, "I am grateful because I'm successful." At the end of the talk, he concluded, "Let me tell you again. You have to be interested in people if you want to be a successful writer of stories."

12 주어진 문장이 들어갈 위치로 가장 적절한 것은? 23 지방직 9급

Yet, requests for such self-assessments are pervasive throughout one's career.

The fiscal quarter just ended. Your boss comes by to ask you how well you performed in terms of sales this quarter. How do you describe your performance? As excellent? Good? Terrible? (①) Unlike when someone asks you about an objective performance metric (e.g., how many dollars in sales you brought in this quarter), how to subjectively describe your performance is often unclear. There is no right answer. (②) You are asked to subjectively describe your own performance in school applications, in job applications, in interviews, in performance reviews, in meetings—the list goes on. (③) How you describe your performance is what we call your level of self-promotion. (④) Since self-promotion is a pervasive part of work, people who do more self-promotion may have better chances of being hired, being promoted, and getting a raise or a bonus.

13 다음 글의 흐름상 어색한 문장은? 22 국가직 9급

Markets in water rights are likely to evolve as a rising population leads to shortages and climate change causes drought and famine. ① But they will be based on regional and ethical trading practices and will differ from the bulk of commodity trade. ② Detractors argue trading water is unethical or even a breach of human rights, but already water rights are bought and sold in arid areas of the globe from Oman to Australia. ③ Drinking distilled water can be beneficial, but may not be the best choice for everyone, especially if the minerals are not supplemented by another source. ④ "We strongly believe that water is in fact turning into the new gold for this decade and beyond," said Ziad Abdelnour. "No wonder smart money is aggressively moving in this direction."

14 주어진 문장이 들어가기에 적절한 곳은?   22 국가직 9급

Thus, blood, and life-giving oxygen, are easier for the heart to circulate to the brain.

People can be exposed to gravitational force, or g-force, in different ways. It can be localized, affecting only a portion of the body, as in getting slapped on the back. It can also be momentary, such as hard forces endured in a car crash. A third type of g-force is sustained, or lasting for at least several seconds. (①) Sustained, body-wide g-forces are the most dangerous to people. (②) The body usually withstands localized or momentary g-force better than sustained g-force, which can be deadly because blood is forced into the legs, depriving the rest of the body of oxygen. (③) Sustained g-force applied while the body is horizontal, or lying down, instead of sitting or standing tends to be more tolerable to people, because blood pools in the back and not the legs. (④) Some people, such as astronauts and fighter jet pilots, undergo special training exercises to increase their bodies' resistance to g-force.

15 주어진 문장이 들어갈 위치로 적절한 곳은? 22 지방직 9급

> The comparison of the heart to a pump, however, is a genuine analogy.

An analogy is a figure of speech in which two things are asserted to be alike in many respects that are quite fundamental. Their structure, the relationships of their parts, or the essential purposes they serve are similar, although the two things are also greatly dissimilar. Roses and carnations are not analogous. (①) They both have stems and leaves and may both be red in color. (②) But they exhibit these qualities in the same way; they are of the same genus. (③) These are disparate things, but they share important qualities; mechanical apparatus, possession of valves, ability to increase and decrease the pressures, and capacity to move fluids. (④) And the heart and the pump exhibit these qualities in different ways and in different contexts.

16 글의 흐름상 가장 어색한 것은? 22 지방직 9급

The skill to have a good argument is critical in life. But it's one that few parents teach to their children. ① We want to give kids a stable home, so we stop siblings from quarreling and we have our own arguments behind closed doors. ② Yet if kids never get exposed to disagreement, we may eventually limit their creativity. ③ Children are most creative when they are free to brainstorm with lots of praise and encouragement in a peaceful environment. ④ It turns out that highly creative people grow up in families full of tension. They are not surrounded by fistfights or personal insults, but real disagreements. When adults in their early 30s were asked to write imaginative stories, the most creative ones came from those whose parents had the most conflict a quarter-century earlier.

17 다음 글의 흐름상 가장 어색한 문장은?   21 국가직 9급

The term burnout refers to a "wearing out" from the pressures of work. Burnout is a chronic condition that results as daily work stressors take their toll on employees. ① The most widely adopted conceptualization of burnout has been developed by Maslach and her colleagues in their studies of human service workers. Maslach sees burnout as consisting of three interrelated dimensions. The first dimension—emotional exhaustion—is really the core of the burnout phenomenon. ② Workers suffer from emotional exhaustion when they feel fatigued, frustrated, used up, or unable to face another day on the job. The second dimension of burnout is a lack of personal accomplishment. ③ This aspect of the burnout phenomenon refers to workers who see themselves as failures, incapable of effectively accomplishing job requirements. ④ Emotional labor workers enter their occupation highly motivated although they are physically exhausted. The third dimension of burnout is depersonalization. This dimension is relevant only to workers who must communicate interpersonally with others (eg. clients, patients, students) as part of the job.

18 글의 흐름상 가장 어색한 것은?   22 지방직 9급

　For example, the state archives of New Jersey hold more than 30,000 cubic feet of paper and 25,000 reels of microfilm. Archives are a treasure trove of material: from audio to video to newspapers, magazines and printed material – which makes them indispensable to any History Detective investigation. While libraries and archives may appear the same, the differences are important. (①) An archive collection is almost always made up of primary sources, while a library contains secondary sources. (②) To learn more about the Korean War, you'd go to a library for a history book. If you wanted to read the government papers, or letters written by Korean War soldiers, you'd go to an archive. (③) If you're searching for information, chances are there's an archive out there for you. Many state and local archives store public records – which are an amazing, diverse resource. (④) An online search of your state's archives will quickly show you they contain much more than just the minutes of the legislature – there are detailed land grant information to be found, old town maps, criminal records and oddities such as peddler license applications.

* treasure trove: 귀중한 발굴물(수집물)
* land grant: (대학. 철도 등을 위해) 정부가 주는 땅

19 다음 글의 흐름상 적절하지 않은 문장은?   21 지방직 9급

　There was no divide between science, philosophy, and magic in the 15th century. All three came under the general heading of 'natural philosophy'. ① Central to the development of natural philosophy was the recovery of classical authors, most importantly the work of Aristotle. ② Humanists quickly realized the power of the printing press for spreading their knowledge. ③ At the beginning of the 15th century Aristotle remained the basis for all scholastic speculation on philosophy and science. ④ Kept alive in the Arabic translations and commentaries of Averroes and Avicenna, Aristotle provided a systematic perspective on mankind's relationship with the natural world. Surviving texts like his Physics, Metaphysics, and Meteorology provided scholars with the logical tools to understand the forces that created the natural world.

20 주어진 문장이 들어갈 위치로 가장 적절한 것은?   21 지방직 9급

> And working offers more than financial security.

　Why do workaholics enjoy their jobs so much? Mostly because working offers some important advantages. (①) It provides people with paychecks —a way to earn a living. (②) It provides people with self-confidence; they have a feeling of satisfaction when they've produced a challenging piece of work and are able to say, "I made that." (③) Psychologists claim that work also gives people an identity; they work so that they can get a sense of self and individualism. (④) In addition, most jobs provide people with a socially acceptable way to meet others. It could be said that working is a positive addiction; maybe workaholics are compulsive about their work, but their addiction seems to be a safe —even an advantageous —one.

21 다음 글의 제목으로 알맞은 것은?   23 국가직 9급

　The feeling of being loved and the biological response it stimulates is triggered by nonverbal cues: the tone in a voice, the expression on a face, or the touch that feels just right. Nonverbal cues – rather than spoken words – make us feel that the person we are with is interested in, understands, and values us. When we're with them, we feel safe. We even see the power of nonverbal cues in the wild. After evading the chase of predators, animals often nuzzle each other as a means of stress relief. This bodily contact provides reassurance of safety and relieves stress.

① How Do Wild Animals Think and Feel?
② Communicating Effectively Is the Secret to Success
③ Nonverbal Communication Speaks Louder than Words
④ Verbal Cues: The Primary Tools for Expressing Feelings

22 다음 글의 제목으로 알맞은 것은?

Well-known author Daniel Goleman has dedicated his life to the science of human relationships. In his book Social Intelligence he discusses results from neuro-sociology to explain how sociable our brains are. According to Goleman, we are drawn to other people's brains whenever we engage with another person. The human need for meaningful connectivity with others, in order to deepen our relationships, is what we all crave, and yet there are countless articles and studies suggesting that we are lonelier than we ever have been and loneliness is now a world health epidemic. Specifically, in Australia, according to a national Lifeline survey, more than 80 % of those surveyed believe our society is becoming a lonelier place. Yet, our brains crave human interaction.

① Lonely People
② Sociable Brains
③ Need for Mental Health Survey
④ Dangers of Human Connectivity

23 다음 글의 제목으로 가장 적절한 것은?　　22 국가직 9급

　　Do people from different cultures view the world differently? A psychologist presented realistic animated scenes of fish and other underwater objects to Japanese and American students and asked them to report what they had seen. Americans and Japanese made about an equal number of references to the focal fish, but the Japanese made more than 60 percent more references to background elements, including the water, rocks, bubbles, and inert plants and animals. In addition, whereas Japanese and American participants made about equal numbers of references to movement involving active animals, the Japanese participants made almost twice as many references to relationships involving inert, background objects. Perhaps most tellingly, the very first sentence from the Japanese participants was likely to be one referring to the environment, whereas the first sentence from Americans was three times as likely to be one referring to the focal fish.

① Language Barrier Between Japanese and Americans
② Associations of Objects and Backgrounds in the Brain
③ Cultural Differences in Perception
④ Superiority of Detail-oriented People

24 다음 글의 제목으로 적절한 것은?   22 국가직 9급

Lasers are possible because of the way light interacts with electrons. Electrons exist at specific energy levels or states characteristic of that particular atom or molecule. The energy levels can be imagined as rings or orbits around a nucleus. Electrons in outer rings are at higher energy levels than those in inner rings. Electrons can be bumped up to higher energy levels by the injection of energy – for example, by a flash of light. When an electron drops from an outer to inner level. "excess" energy is given off as light. The wavelength or color of the emitted light is precisely related to the amount of energy released. Depending on the particular lasing material being used, specific wavelengths of light are absorbed and specific wavelengths are emitted (when the electrons fall back to their initial level.)

① How Is Laser Produced
② When was Laser Invented?
③ What Electrons Does Laser Emit?
④ Why Do Electrons Reflect Light

25 다음 글의 제목으로 가장 적절한 것은?   22 지방직 9급

One of the areas where efficiency can be optimized is the work force, through increasing individual productivity – defined as the amount of work (products produced, customers served) an employee handles in a given time. In addition to making sure you have invested in the right equipment, environment, and training to ensure optimal performance, you can increase productivity by encouraging staffers to put an end to a modern-day energy drain; multitasking. Studies show it takes 25 to 40 percent longer to get a job done when you're simultaneously trying to work on other projects. To be more productive, says Andrew Deutscher, vice president of business development at consulting firm The Energy Project, "do one thing, uninterrupted, for a sustained period of time."

① How to Create More Options in Life
② How to Enhance Daily Physical Performance
③ Multitasking is the Answer for Better Efficiency
④ Do One Thing at a Time for Greater Efficiency

26 다음 글의 제목으로 가장 적절한 것은?   21 국가직 9급

Warming temperatures and loss of oxygen in the sea will shrink hundreds of fish species – from tunas and groupers to salmon, thresher sharks, haddock and cod – even more than previously thought, a new study concludes. Because warmer seas speed up their metabolisms, fish, squid and other water-breathing creatures will need to draw more oxygen from the ocean. At the same time, warming seas are already reducing the availability of oxygen in many parts of the sea. A pair of University of British Columbia scientists argue that since the bodies of fish grow faster than their gills, these animals eventually will reach a point where they can't get enough oxygen to sustain normal growth. "What we found was that the body size of fish decreases by 20 to 30 percent for every 1 degree Celsius increase in water temperature," says author William Cheung.

① Fish Now Grow Faster than Ever
② Oxygen's Impact on Ocean Temperatures
③ Climate Change May Shrink the World's Fish
④ How Sea Creatures Survive with Low Metabolism

27 다음 글의 제목으로 가장 적절한 것은?

The definition of 'turn' casts the digital turn as an analytical strategy which enables us to focus on the role of digitalization within social reality. As an analytical perspective, the digital turn makes it possible to analyze and discuss the societal meaning of digitalization. The term 'digital turn' thus signifies an analytical approach which centers on the role of digitalization within a society. If the linguistic turn is defined by the epistemological assumption that reality is constructed through language, the digital turn is based on the assumption that social reality is increasingly defined by digitalization. Social media symbolize the digitalization of social relations. Individuals increasingly engage in identity management on social networking sites(SNS). SNS are polydirectional, meaning that users can connect to each other and share information.

※ epistemological: 인식론의

① Remaking Identities on SNS
② Linguistic Turn Versus Digital Turn
③ How to Share Information in the Digital Age
④ Digitalization Within the Context of Social Reality

정답 및 해설

기출분석노트 이얼영어 www.modoogong.com

01 ①

[해석] 명절과 생일처럼 아이의 삶에 장난감과 선물이 쌓이는 때가 있다. 당신은 이러한 시기를 이용해 물건에 대한 건강한 비의존성을 가르치는데 사용할 수 있다. 당신의 아이를 장난감들로 둘러싸지 마라. 대신에, 그것들을 바구니들에 정리해서 한 번에 한 바구니씩 꺼내놓고 가끔 바구니들을 교대시켜라. 소중한 물건이 잠깐 치워지면, 그것을 꺼내는 것은 즐거운 기억과 새로운 시각을 만들어낸다. 당신의 아이가 한동안 치워둔 장난감을 요구한다고 가정해 보라. 당신은 이미 주위에 있는 물체나 경험으로 주의를 이끌 수 있다. 당신이 한 소유물을 잃어버리거나 망가지게 하는 경우, 아이가 애착을 갖지 않도록 하는 태도를 기르기 시작할 수 있도록 긍정적인 태도 ("그것을 가지고 있는 동안 소중히 여겼어!")를 보이도록 해라. 아이의 장난감이 망가지거나 분실되는 경우, 아이가 "그걸로 재밌게 놀았어."라고 말하게 도와라.

① 소유물에 대한 건강한 태도를 형성하는 것
② 다른 사람들과 장난감을 공유하는 것의 가치를 배우는 것
③ 장난감을 질서정연하게 정리하는 방법을 가르치는 것
④ 바람직하지 않은 방식으로 행동하는 것에 대한 책임을 받아들이는 것

02 ②

[해석] 많은 부모가 '자존감 운동'에 의해 잘못 인도되었는데, 이는 그들에게 그들의 아이들의 자존감을 높이는 방법은 그들이 얼마나 일을 잘하는지를 말하는 것이라고 말해왔다. 불행하게도, 당신의 아이들에게 그들의 능력을 확신시키려 하는 것은 실패할 것이다. 왜냐하면 삶은 성공과 실패를 통해 실제로 능력이 있는지 없는지를 분명하게 말해주는 방식을 가지고 있기 때문이다. 연구는 자녀를 칭찬하는 방식이 자녀의 발달에 강력한 영향을 미친다는 것을 보여준다. 일부 연구자들은 노력보다는 지능에 대해 칭찬받은 아이들이 결과에 지나치게 집중하게 된다는 것을 발견했다. 이런 아이들은, 실패 이후 덜 끈기 있고, 덜 즐거워하고, 실패를 능력이 부족한 탓으로 돌리고, 미래의 성취를 위한 노력에서 낮은 성과를 보였다. 아이들을 지능으로 칭찬하는 것은 그들이 실패를 어리석음과 동일시하기 시작하기에 그들로 하여금 어려움을 두려워하게 만들었다.

① 잦은 칭찬이 아이들의 자존감을 키운다.
② 지능에 대한 칭찬은 부정적인 효과를 일으킨다.
③ 아이는 성공을 통해 실패에 대한 두려움을 극복해야 한다.
④ 부모들은 과정보다 결과에 집중해야 한다.

03 ②

[해석] 분명 어떤 사람들은 이점을 가지고 태어난다. (예를 들어, 기수는 신체적 크기, 농구 선수는 키, 음악가는 음악에 대한 '귀'). 하지만 수년에 걸친 의식적, 계획적 연습에 대한 전념만이 이러한 이점을 재능으로, 그리고 그 재능을 성공으로 바꿀 수 있다. 이와 같은 헌신적인 연습을 통해, 그러한 이점을 가지고 태어나지 않은 사람들도 천성이 그들이 닿지 않는 더 먼 곳에 둔 재능을 개발할 수 있다. 예를 들어, 당신이 수학에 대한 재능을 타고나지 않았다고 느낄지라도 의도적이고 계획적인 연습을 통해 당신의 수학적 능력을 크게 향상시킬 수 있다. 또는 당신 스스로가 '천성적으로' 수줍음이 많다고 생각한다면 사교적 능력 개발에 시간과 노력을 들이는 것은 사교적인 행사에서 사람들과 활기차게, 우아하게, 편안하게 교류하는 것을 가능하게 할 수 있다.

① 일부 사람들이 다른 사람들에 비해 가지고 있는 이점
② 재능을 기르기 위한 지속적인 노력의 중요성
③ 수줍음이 많은 사람들이 사회적 상호작용에서 겪는 어려움
④ 자신의 강점과 약점에 대해 이해할 필요성

04 ④

[해석] Roossinck 박사와 그녀의 동료들은 우연히 바이러스가 식물학에서 널리 사용되는 식물에서 가뭄에 대한 저항성을 높인다는 것을 발견했다. 관련 바이러스를 이용한 추가실험은 그 사실이 15종의 다른 식물 종에서도 적용되는 것을 보여주었다. Roossinck 박사는 현재 다양한 식물의 내열성을 증가시키는 또 다른 유형의 바이러스를 연구하기 위한 실험을 하고 있다. 그녀는 여러 종류의 바이러스가 그들 숙주에게 주는 이점에 대해 더 깊은 이해를 하기 위해 그녀의 연구를 넓히기를 희망한다. 이는 많은 생물들이 자급자족보다는 공생에 의존한다는 것을, 점점 더 많은 생물학자들이 주장하는 견해를 뒷받침하는 데 도움이 될 것이다

① 바이러스는 생물학적 존재의 자급자족을 설명한다.
② 생물학자들은 식물에 바이러스가 없게 하기 위해 모든 것을 해야 한다.
③ 공생의 원리는 감염된 식물에 적용될 수 없다.
④ 바이러스는 가끔 자신의 숙주를 해롭게 하기보다는 이롭게 한다.

05 ①

[해석] 만약 누군가가 당신에게 제안을 하고 당신이 합법적으로 그것의 일부에 대해 걱정 한다면, 당신은 보통 당신의 모든 수정사항을 한번에 다 제안하는 것이 좋다. "월급이 좀 적습니다. 어떻게 좀 해 주실 수 있나요?"라고 말하고 그에 대해 그녀가 처리를 하면 "고맙습니다. 이제 제가 원하는 다른 두 가지가 있습니다.."하며 답하지 마라. 처음에 당신이 한 가지만 요구한다면, 그녀는 당신이 그 한 가지가 해결된다면 그 제안을 받아들일 준비가 된다고 (최소한 결정을 내릴 준비가 되어 있다고) 생각할지 모른다. 만약 당신이 계속해서 "그리고 한 가지 더..."라고 말한다면, 그녀는 관대하거나 이해하는 기분을 유지하지 않을 가능성이 높다. 또, 한 개 이상의 요구사항이 있다면, 그 모든 것들을 A, B, C, D라고 단순히 언급하지 말아라. 당신에게 있어 그것들 각각의 상대적 중요성에 대해 표현해라. 그렇지 않으면, 당신이 가장 중요하게 여기지 않는 두 가지를 고를지도 모른다. 왜냐하면, 그것들은 당신에게 주기 꽤 쉬운 것이기 때문이고 당신과 중간에서 타협했다고 느낄지도 모른다.

① 여러 문제를 연속적으로가 아니라 동시에 협상해라.
② 협상을 성공시키기 위해 예민한 주제를 피하라.
③ 당신의 협상을 위해 맞는 시간을 골라라.
④ 임금 협상시 너무 직설적이지 않도록 해라

06 ①

[해석] 젊은이들이 "히피"나 "스트레이트" 패션으로 입는 경향이 있던 때인 1970년대 초에 행해진 한 연구에서, 실험자들은 히피나 스트레이트 복장을 하고 대학생들에게 전화를 걸기 위한 10센트짜리 동전을 달라고 요구했다. 실험자가 학생과 같은 방식으로 입었을 때, 그 요청은 3분의 2 이상 받아들여졌고, 학생과 요청자가 서로 다르게 입었을 때, 10센트짜리 동전은 절반보다 더 적은 경우로 제공되었다. 또 다른 실험은 비슷한 타인에 대한 우리의 긍정적인 반응이 얼마나 자동적인지를 보여주었다. 반전 시위에 참여한 시위자들은 비슷한 복장을 한 요청자의 탄원서에 서명할 가능성이 더 크고, 그것을 우선 읽어보려 하지도 않고 바로 서명할 가능성이 더 큰 것으로 밝혀졌다.

① 사람들은 그들처럼 입는 사람들을 도울 가능성이 더 크다.
② 정장을 입는 것은 탄원서 서명의 가능성을 높인다.
③ 전화를 거는 것은 다른 학생들과 교제하는 효율적인 방법이다.
④ 1970년대 초반의 몇몇 대학생들은 독특한 패션으로 존경 받았다.

07 ④

[해석] 20세기 후반 사회주의는 서구와 개발도상국의 넓은 지역에서 후퇴하고 있었다. 시장 자본주의 진화의 이 새로운 국면 동안에, 세계 무역 패턴은 점점 더 상호 연결되었고, 정보 기술의 발전은 규제가 철폐된 금융 시장이 몇 초 만에 국가 경계를 넘어 거대한 자본의 흐름을 바꿀 수 있다는 것을 의미했다. '세계화'는 무역을 강화하고, 생산성 향상을 장려하고, 가격을 낮췄지만, 비판자들은 그것이 저임금 노동자들을 착취하고, 환경 문제에 무관심했고 제 3세계를 독점적 형태의 자본주의에 종속시켰다고 주장했다. 이런 과정에 반대했던 서구 사회 내의 많은 급진주의자들은 좌파의 뒤처진 정당들보다는 자발적인 단체, 자선단체, 그리고 다른 비정부기구들에 가입했다. 환경 운동 자체는 세계가 서로 연결되어 있다는 인식에서 커졌고 흩어져있지만 분노한 국제 이익 연합이 출현했다.

① 과거 개발도상국에서의 세계화의 긍정적 현상
② 사회주의의 쇠퇴와 20세기 자본주의의 출현
③ 세계 자본시장과 좌파 정치조직 사이의 갈등
④ 세계 자본주의의 착취하는 특성과 그에 대한 다양한 사회적 반응

08 ①

해석 "유대교에서, 우리는 대체로 우리의 행동에 의해 정의된다."라고 몬트리올의 Emanu-ElBeth Sholom 사원의 수석 랍비인 Lisa Grushcow가 말한다. "당신은 정말 탁상공론적인 개혁가가 될 수 없다." 이 개념은 "세상을 고치기"로 번역되는 tikkun olam이라는 유대인 개념과 관련 있다. 그녀는 인간으로서의 우리의 일이 "망가진 것을 고치는 것이다. 우리 자신과 서로를 돌보는 것뿐만 아니라 우리 주변에 더 나은 세상을 만드는 것이 우리의 의무이다."라고 말한다. 이 철학은 선함을 봉사에 기반을 둔 것으로 개념화한다. "내가 좋은 사람인가?"라고 묻는 대신, 여러분은 "내가 세상에 어떤 도움을 주는가?"라고 묻고 싶을지도 모른다. Grushcow의 사원은 이러한 믿음을 그들의 공동체 내부와 외부에서 실천으로 옮긴다. 예를 들어, 그들은 1970년대에 캐나다로 오려고 하는 베트남에서 온 두 난민 가족을 후원했다.
① 우리는 세상을 고치기 위해 노력해야 한다.
② 공동체는 쉼터(피난처)로서의 역할을 해야 한다.
③ 우리는 선함을 믿음으로 개념화해야 한다.
④ 사원은 지역사회에 기여해야 한다.

09 ③

해석 매월 미국 근로자 5,000명과 미국 고용주 500명을 대상으로 실시하는 설문조사에 따르면, 사무직 및 지식 노동자 사이에서 하이브리드 워크로의 대규모 이전이 매우 분명해 보인다. 나타나는 규범은 주 3일은 사무실에서, 주 2일은 집에서 근무하는 것으로 현장 근무 일수가 30% 이상 줄이는 것이다. 당신은 이러한 단축이 사무실 공간에 대한 수요를 줄일 것이라고 생각할 수도 있다. 그러나 우리의 설문조사 데이터는 사무실 공간의 평균 1~2%의 축소를 보여주며, 이는 공간이 아닌 밀집도의 큰 감소를 의미한다. 우리는 그 이유를 이해할 수 있다. 사무실의 높은 밀집도는 불편하고 많은 직원들은 그들 책상 주위에 사람이 붐비는 것을 싫어한다. (대부분의 직원이 월요일과 금요일에 재택근무를 하길 원한다.) 밀집도에 대한 불편함은 로비, 주방, 특히 엘리베이터에까지 확대된다. 밀집도를 낮출 수 있는 유일한 확실한 방법은 현장 출근일을 줄이면서 그만큼 제곱피트(면적)를 줄이지 않는 것이다. 우리의 조사 증거에 따르면, 밀집도에 대한 불편함은 계속 남아있다.

10 ③

해석 이민 개혁은 정치적 지뢰밭(복잡한 문제)이다. 광범위한 정치적 지지를 받는 이민 정책의 거의 유일한 측면은 불법 이민자의 유입을 제한하기 위해 멕시코와의 미국 국경을 안전하게 지키겠다는 결의이다. 텍사스 보안관들은 최근에 그들이 국경을 감시하는 것을 돕기 위해 새로운 인터넷 사용법을 개발했다. 그들은 불법 횡단을 하는 것으로 알려진 장소에 비디오카메라를 설치했고, 카메라의 라이브(실시간) 비디오 피드를 웹사이트에 올렸다. 국경을 감시하는 것을 돕고자 하는 시민들은 온라인에 접속해 '가상 텍사스 보안관 대리' 역할을 할 수 있다. 만약 그들이 국경을 넘으려 하는 사람을 발견하면 그들은 보안관 사무실로 보고서를 보내고, 그 보고서는 때로는 미국 국경 순찰대의 도움을 따라서 추적된다.

11 ④

해석 나는 한 번 단편 소설 쓰기 강좌를 들은 적이 있는데, 그 강좌 중에 한 일류 잡지의 유명한 편집장이 우리 수업에서 이야기를 해준 적이 있다. 그는 매일 자신의 책상에 오는 수십 편의 이야기 중 어느 하나든 골라 몇 단락만 읽어도 그 저자가 사람들을 좋아하는지 아닌지를 느낄 수 있다고 말했다. "저자가 사람들을 좋아하지 않는다면, 사람들은 그 또는 그녀의 이야기를 좋아하지 않을 것"이라고 그는 말했다. 그 편집장은 소설 쓰기에 대한 강연에서 사람에게 관심을 갖는 것의 중요성을 계속해서 강조했다. (위대한 마술사 Thurston은 그가 무대에 오를 때마다 스스로에게 "나는 성공했으니 감사하다"라고 말했다고 했다.) 강연 끝 무렵, 그는 "다시 한번 말씀드리겠습니다. 성공적인 소설 작가가 되고 싶다면 사람들에게 관심을 가져야 합니다."라며 끝맺었다.

12 ②

해석 회계 분기가 막 끝났다. 당신의 상사가 당신에게 이번 분기의 매출에 있어 당신이 얼마나 좋은 성과를 냈는지 물어보기 위해 잠시 들른다. 당신은 당신의 성과를 어떻게 설명할 것인가? 훌륭하다고? 좋다고? 형편없다고? 누군가가 당신에게 객관적인 성과 기준(예를 들어, 이번 분기에 당신이 몇 달러의 매출을 가져왔는지)에 대해 물어볼 때와 달리, 주관적으로 당신의 성과를 설명하는 방법은 종종 불분명하다. 정답은 없다. 하지만, 그러한 자기 평가에 대한 요청은 경력 전반에 걸쳐 만연하다. 당신은 입학 지원서, 입사 지원서, 면접, 성과 검토, 회의 등— 목록은 끝없다—에서 자신의 성과를 주관적으로 설명하라는 요청을 받는다. 당신이 어떻게 자신의 성과를 설명하는지가 바로 자기 홍보의 수준이라고 부르는 것이 된다. 자기 홍보는 업무에 만연한 부분이기 때문에 자기 홍보를 더 많이 하는 사람이 채용, 승진, (연봉) 인상 또는 상여금을 받을 확률이 더 높을 수 있다.

13   ③

해석 수리권 시장은 증가하는 인구가 (물) 부족을 초래하고 기후 변화가 가뭄과 기근을 일으킴에 따라 진화할 가능성이 있다. 그러나 그것은 지역적이고 윤리적인 무역 관행에 기반할 것이며 대량 상품 거래와는 다를 것이다. 비판자들은 물을 거래하는 것이 비윤리적이거나 심지어 인권침해라고 주장하지만, 이미 수리권은 오만에서 호주까지 세계의 건조 지역에서 사고 팔리고 있다. (증류수를 마시는 것은 유익할 수 있지만, 특히 미네랄이 다른 공급원으로 보충되지 않는다면, 모두에게 최선의 선택은 아닐지도 모른다.) Ziad Abdelnour는 "우리는 물이 사실상 이 10년간 혹은 이후에 새로운 금으로 바뀔 것이라고 굳게 믿는다."라고 말했다. "스마트 머니가 이 방향으로 공격적으로 움직이고 있는 것은 놀라운 일도 아니다."

14   ④

해석 사람들은 다양한 방식으로 중력에 노출될 수 있다. 그것은 등을 치는 것처럼 신체의 한 부위에만 영향을 미치면서 국소적일 수 있다. 그것은 또한 자동차 충돌 사고에서 겪는 강한 힘처럼 순간적일 수 있다. 중력의 세 번째 유형은 계속되거나 최소 몇 초 동안 지속된다. 지속적이고 몸 크기의 중력이 사람들에게 가장 위험하다. 신체는 보통 국소적이거나 순간적인 중력을 지속적인 중력보다 더 잘 견뎌내는데, 이는 피가 다리로 몰려서 나머지 부위의 신체에서 산소를 빼앗기 때문에 치명적일 수 있다. 앉거나 서 있는 대신 신체를 수평으로 하거나 누울 때 작용하는 지속적인 중력은 피가 다리가 아닌 등에 고이기 때문에 사람들에게 더 견딜만한 경향이 있다. 따라서 피, 생명을 주는 산소는 심장이 뇌로 순환시키도록 하는 것이 더 쉽다. 우주 비행사와 전투기 조종사와 같은 몇몇 사람은 중력에 대한 신체 저항을 증가시키기 위해 특별한 훈련 연습을 받는다.

15   ③

해석 비유는 두 가지가 매우 근본적인 많은 면에서 비슷하다고 주장되는 수사적 표현이다. 비록 두 개의 사물이 엄청 다를지라도, 그것들의 구조, 그것들 부분의 관계, 또는 그것들이 기여하는 본질적인 목적은 유사하다. 그 장미와 카네이션은 유사하지 않다. 그것들은 둘다 줄기와 잎을 가지고 있으며 둘 다 빨간색일 수 있다. 그러나 그것들은 같은 종류이기 때문에, 같은 방식으로 이러한 특성들을 드러낸다. 하지만 심장을 펌프에 빗대는 것은 진정한 비유이다. 이것들은 서로 다른 것들이지만, 그것들은 역학적인 장치, 밸브의 보유, 압력을 증가시키고 감소시키는 능력, 유체를 이동시킬 수 있는 능력과 같은 중요한 특성들을 공유한다. 그리고 심장과 펌프는 다른 방식으로 다른 상황에서 이러한 특성들을 드러낸다.

16   ③

해석 좋은 논쟁을 하는 기술은 인생에서 매우 중요하다. 그러나 이것은 몇몇 부모들이 아이들에게 자신의 아이들에게 거의 가르치지 않는 것이다. 우리는 아이들에게 안정적인 가정을 제공하기를 원하고 형제자매들이 싸우는 것을 막고 우리끼리 비공개로 논쟁을 하고 있다. 하지만 만약 아이들이 의견 충돌에 노출되지 않는다면, 우리는 결국 그들의 창의력을 제한할 수도 있다. (어린이들은 평화로운 환경에서 많은 칭찬과 격려로 자유롭게 브레인스토밍을 할 때 가장 창의적이다.) 창의력이 매우 뛰어난 사람들은 긴장감이 넘치는 가정에서 성장하는 경우가 많은 것으로 나타났다. 그들은 주먹다짐이나 개인적 욕설에 둘러싸여 있는 것이 아니라, 실질적인 의견의 불일치에 둘러싸여 있는 것이다. 30대 초반의 어른들에게 상상력이 풍부한 이야기를 쓰라고 했을 때, 가장 창의적인 이야기는 25년 전에 부모님이 가장 많은 갈등을 겪었던 사람들로부터 나왔다.

17   ④

해석 번 아웃이라는 용어는 일의 압박으로 인한 "소진"를 의미한다. 번 아웃이란 일상적인 업무스트레스 요인들이 직원에게 타격을 줄 때 발생하는 만성 질환이다. 가장 널리 채택된 번아웃의 개념적인 해석은 Maslach와 그녀의 동료들이 인간 서비스 작업자들에 대한 연구에서 전개했다. Maslach는 번 아웃이 세가지의 상호연관된 차원으로 구성되어 있다고 간주한다. 첫 번째 차원인 정서적 피로는 실제로 번 아웃 현상의 핵심이다. 작업자들은 피로,

좌절, 기진맥진을 느끼거나 직장에서 또 다른 날을 맞이할 수 없을 때 정서적 피로를 겪는다. 번 아웃의 두 번째 차원은 개인적인 성취의 부족이다. 번 아웃 현상의 이러한 측면은 자신을 업무 요구 사항을 효과적으로 달성할 수 없는 실패로 여기는 근로자들을 나타낸다. (감정 노동자들은 비록 육체적으로 지쳤을지라도 매우 의욕을 가지고 그들의 업무를 시작한다.) 번 아웃의 세 번째 차원은 비개인화이다. 이 차원은 일의 일부로 다른 사람들(예를 들면 고객, 환자, 학생)과 대인 관계를 맺어야 하는 작업자들에게만 해당된다.

18   ④

[해석] 기록물들은 자료들의 귀중한 수집물이다: 오디오에서 비디오, 신문, 잡지 그리고 인쇄물들 - 이것들은 역사 탐지 조사에서 없어서는 안된다. 도서관과 기록 보관소가 같아 보일 수 있지만, 차이점이 중요하다. 기록 보관소의 소장품들은 거의 1차 자료로 구성되는 반면, 도서관은 2차 자료로 구성된다. 한국 전쟁에 대해 더 알기 위해 여러분은 역사책을 찾아 도서관에 갈 것이다. 만약 여러분이 정부 문서나 한국 전쟁 병사들이 쓴 편지를 읽고자 한다면, 여러분은 기록 보관소에 갈 것이다. 만약 여러분이 정보를 찾고 있다면, 아마 당신을 위한 기록 보관소가 있을 것이다. 많은 주 및 지역 기록 보관소에서 경이롭고 다양한 자료인 공식 기록들을 보관한다. 예를 들어, 뉴저지의 주 기록 보관소에는 30,000 입방피트 이상의 문서와 25,000개 릴 이상의 마이크로필을 보관하고 있다. 여러분의 주 기록 보관소에 대한 온라인 검색은 입법부의 회의록보다 많은 내용이 보유하고 있는 것을 즉시 알 수 있을 것이다. 자세한 토지 보조금 정보, 이전 도시 지도, 범죄 기록 및 행상인 면허 신청서와 같은 특이 사항들이 있다.

19   ②

[해석] 15세기에는 과학, 철학, 미술 사이에 구분이 없었다. 세 가지 모두 '자연 철학'의 일반적인 부류였다. 고전 작가들의 회복, 다른 무엇보다도 아리스토텔레스의 작품은 자연 철학 발전의 중심이 되었다. (인문주의자들은 자신들의 지식을 전파하는 인쇄기의 힘을 빠르게 깨달았다.) 15세기 초에 아리스토텔레스는 철학과 과학에서 모든 학문적 추측의 기초가 되었다. 아랍어 번역과 Averroes와 Avicenna의 논평에서 살아남은 아리스토텔레스는 인류와 자연세계의 관계에 대한 체계적인 시각을 제공했다. 그의 물리학, 형이상학, 기상학 같은 남아있는 원문들은 학자들에게 자연계를 창조한 힘을 이해할 수 있는 논리적인 도구들을 제공했다.

20   ②

[해석] 왜 일 중독자들은 그들의 일을 그토록 즐기는가? 대게 일하는 것이 몇 가지 중요한 이점들을 제공하기 때문이다. 그것은 사람들에게 생계를 유지할 수 있는 방법인 봉급을 지급한다. 그리고 일은 경제적 안정 이상을 제공한다. 그것은 사람들에게 자신감을 준다. 그들이 힘든 작업물을 만들어내고 "내가 만든 거야"라고 말할 수 있을 때, 그들은 만족감을 느낀다. 심리학자들은 일은 또한 사람에게 정체성을 준다고 주장한다. 그들은 자의식과 개성을 느낄 수 있도록 일한다. 게다가, 대부분의 직업은 사람들에게 사회적으로 용인된 다른 사람들을 만나는 방법을 제공한다. 아마도 일하는 것은 긍정적인 중독이라고 말할 수 있다. 일 중독자들은 그들의 일에 대해 강박적일 수 있지만, 그들의 중독은 안전한, 심지어 이점이 되는 것으로 보인다.

21   ③

[해석] 사랑받는 것과 그것이 유발하는 생물학적 응답의 느낌은 비언어적 신호로 촉발된다; 목소리의 톤, 얼굴의 표정, 또는 딱 맞는 느낌의 촉감이 바로 그것이다. 비언어적 신호는- 발화되는 말보다-, 우리가 함께 있는 사람이 우리에게 관심을 가지고, 우리를 이해하며 소중히 여긴다고 느끼게 해준다. 우리는 그들과 있을 때 안전하다고 느낀다. 우리는 심지어 비언어적 신호의 힘을 야생에서도 확인할 수 있다. 동물들은 포식자의 추격을 피한 후 종종 스트레스 해소의 수단으로 서로 코를 비벼댄다. 이러한 신체 접촉은 안전에 대한 확신을 주고 스트레스를 완화해 준다.
① 야생 동물들은 어떻게 생각하고 감정을 느끼는가?
② 효과적인 소통이 성공의 열쇠이다
③ 비언어적 소통이 말보다 더 크게 말한다
④ 언어적 신호: 감정을 표현하는 주요 수단

22   ②

[해석] 잘 알려진 작가 Daniel Goleman은 평생을 인간관계의 과학에 바쳐 왔다. 그의 저서 『사회적 지능』에서 그는 신경 사회학에서 나온 결과들을 우리의 뇌가 얼마나 사교적인지를 설명하기 위해 논한다. Goleman에 따르면, 우리는 다른 사람과 교류할 때마다 다른 사람의 뇌에 이끌린다고 한다. 우리의 관계들을 깊게 하기 위해 다른 사람들과의 의미 있는 연결에 대한 인간의 욕구는 우리 모두

가 갈망하는 것인데, 우리는 그 어느 때보다 외로우며 외로움은 이제 전 세계적으로 건강을 위협하는 유행병이 되었다고 시사하는 수많은 기사와 연구들이 있다. 특히 호주의 경우, 전국적인 라이프라인 설문 조사에 따르면 조사 대상자의 80% 이상이 우리 사회가 더 외로운 곳이 되고 있다고 생각한다. 하지만 우리의 뇌는 인간 간 상호작용을 열망한다.
① 외로운 사람들
② 사교적인 뇌
③ 정신 건강 설문 조사의 필요성
④ 인간적 연결의 위험

23 ③

[해석] 다른 문화권의 사람들은 세상을 다르게 보는가? 한 심리학자가 일본과 미국 학생들에게 물고기와 다른 수중 물체들의 현실적인 애니메이션 장면을 보여주며 그들이 본 것에 대해 발표하도록 요구했다. 미국인들과 일본인들은 이 초점의 물고기를 거의 동일한 수로 언급했지만, 일본인들은 물, 바위, 거품, 그리고 움직임이 없는 식물과 동물들을 포함한 배경 요소들에 대해 60% 이상 언급했다. 또, 일본과 미국의 참가자가 대략 동일한 수의 활동적인 동물을 포함한 움직임을 언급했지만, 일본 참가자는 움직이지 않는 배경 물체와 관련된 관계에 대해 거의 두 배 더 많이 언급했다. 아마도 일본인 참가자의 첫 번째 문장은 환경을 나타내는 문장일 확률이 높았던 반면, 미국인의 첫 번째 문장은 초점 대상인 물고기를 나타내는 문장이었을 가능성이 3배 더 높았다.
① 일본인과 미국인 사이의 언어 장벽
② 뇌에서 물체와 배경의 관계
③ 인지에서의 문화적 차이
④ 세심한 사람들의 우월함

24 ①

[해석] 레이저는 빛이 전자와 상호작용하는 방식 때문에 가능하다. 전자는 특정 원자 또는 분자의 특정한 에너지 레벨 혹은 상태로 존재한다. 에너지 준위는 고리 또는 핵 주위의 궤도에 의해 떠올려질 수 있다. 외부 고리의 전자는 내부 고리의 전자보다 에너지 준위가 높다. 예를 들어, 전자는 빛의 반짝임 같은 에너지의 주입에 의해 더 높은 에너지 준위로 상승할 수 있다. 전자가 바깥쪽에서 안쪽 준위로 떨어지면, "초과" 에너지가 빛으로 방출된다. 방출되는 빛의 파장 또는 색상은 방출되는 에너지의 양과 정확하게 관련되어 있다. 사용되는 특정 레이징 재료에 따라 (전자를 작동시키거나 자극시키기 위해) 특정 파장의 빛이 흡수되고 (전자가 초기 준위로 떨어질 때) 특정 파장이 방출된다.
① 레이저는 어떻게 만들어지는가?
② 레이저는 언제 발명되었는가?
③ 레이저는 어떤 전자들을 방출하는가?
④ 전자들은 왜 빛을 반사시키는가?

25 ④

[해석] 한 직원이 주어진 시간에 처리하는 일(생산된 상품, 응대된 손님들)으로 정의되는— 개인의 생산성을 증가시킴으로써 효율성이 최적화될 수 있는 분야 중 하나는 노동력이다. 최적의 성능을 보장하기 위해 적절한 장비, 환경 및 교육에 투자했는지 확실히 하는 것과 더불어, 직원들이 현대의 에너지 낭비, 즉 멀티태스킹을 중단하도록 장려함으로써 생산성을 높일 수 있다. 연구들은 동시에 다른 프로젝트들을 수행하려고 할 때 한 작업을 완료하는 데 25~40% 더 오래 걸린다는 것을 보여준다. 컨설팅 회사인 The Energy Project의 사업개발담당 부사장인 Andrew Deutscher는 "지속적인 기간 동안 중단 없이 한 가지 일을 해라."라고 말한다.
① 인생에서 더 많은 선택지를 만드는 방법
② 일상적인 신체 능력을 향상시키는 방법
③ 멀티태스킹은 더 나은 효율성을 위한 답이다
④ 더 큰 효율성을 위해 한 번에 한 가지 일을 하라

26 ③

[해석] 기후 온난화와 바닷 속 산소 손실이 참치와 농어에서 연어, 진환도상어, 해덕, 대구까지 수백 종의 어종을 이전에 생각했던 것보다 더 많이 감소시킬 것이라고 새로운 연구는 결론 내렸다. 따뜻한 바다는 물고기들의 신진대사를 가속화하기 때문에 물고기, 오징어 그리고 다른 수중 호흡 생물들은 바다에서 더 많은 산소를 들이마실 것이다. 동시에, 바다가 따뜻해지면서 이미 바다의 많은 부분에서 산소의 이용가능성이 줄고 있다. 한 쌍의 University of British Columbia 과학자들은 물고기의 몸통이 아가미보다 더 빨리 자라기 때문에, 이 동물들은 결국 정상적인 성장을 지속하는 데에 충분한 산소를 얻을 수 없는 지경에 이를 것이라고 주장한다. "우리가 발견한 것은 물고기의 몸통크기가 물의 온도가 섭씨 1도 증가할 때마다 20~ 30퍼센트씩 줄어든다는 것입니다."라고 작가

William Cheung은 말한다.
① 지금 물고기는 이전보다 더 빨리 성장하고 있다
② 해양 온도에 미치는 산소의 영향
③ 기후 변화는 세계 물고기의 크기를 줄어들게 할 지도 모른다
④ 해양 생물은 낮은 신진대사로 어떻게 생존하는가

27 ④

해석 '전환'의 정의는 '디지털 전환'이라는 용어를 사회적 현실 내에서 우리가 디지털화의 역할에 주목할 수 있게 하는 분석적 전략으로서 제시한다. 분석적인 관점으로서, '디지털 전환'은 디지털화의 사회적인 의미를 분석하고 논의하는 것을 가능하게 한다. 그러므로, '디지털 전환'이라는 용어는 사회 내에서 디지털화의 역할에 중심을 두는 분석적인 접근을 의미한다. 만약 '언어적인 전환'이 현실이 언어를 통해서 만들어졌다는 인식론적인 추정에 의해 정의되었다면, '디지털 전환'은 사회현실이 점점 디지털화에 의해 정의된다는 추정에 근거를 둔다. 소셜미디어는 사회적 관계의 디지털화를 상징한다. 개인들은 점점 더 SNS에서 정체성 관리에 참여한다. SNS는 다방향적이고, 이는 이용자들이 서로 연결되고 정보를 공유할 수 있다는 것을 의미한다.
① SNS에서 정체성 재정립
② 언어적인 전환VS 디지털 전환
③ 디지털 시대에 정보를 공유하는 방법
④ 사회적 현실의 맥락에서의 디지털화

Soar: 소오름
기출분석 노트

CHAPTER 5
독해 B
빈칸, 순서

출제 트렌드 변화 후 시험을 가장 완벽하게 분석한 교재

CHAPTER 5 · 독해 B [빈칸, 순서]

1 옛날 독해

01 11 9급 공채

One way to accelerate the flow of new ideas is to be put in difficult situations where you're likely to fail. When we fail to do something, we feel frustrated and we begin trying out other behaviors. Many ideas compete vigorously, greatly enhancing the creative process. Say you start to turn a door knob that has always turned easily. It won't move. You turn the knob harder. Then you pull it up or push it down. Maybe you wiggle it. Eventually, you may shove or kick the door. These efforts from established behaviors will probably lead to new solutions. Creativity is an extension of _____.

① how long you think
② how you operate tools
③ what you already know
④ what your personality is

> 과거에는 지문의 길이가 짧고, 어휘 수준이 상대적으로 낮으며, 복잡한 추론을 요구하지 않는 문제들이 출제되었습니다.

02 11 9급 공채

If you are at the seaside, and you take an old, dull, brown penny and rub it hard for a minute or two with handfuls of wet sand, the penny will come out a bright gold colour, looking as clean and new as the day it was made. Now poetry has the same effect on words as wet sand on pennies. In what seems almost a miraculous way, it brightens up words that looked dull and ordinary. Thus, poetry is perpetually _____.

① cultivating your mind
② recreating language
③ beautifying the nature
④ discovering the unknown universe

> 과거에는 지문의 길이가 짧고, 어휘 수준이 상대적으로 낮으며, 복잡한 추론을 요구하지 않는 문제들이 출제되었습니다.

03 11 9급 공채

Fundamental happiness depends more than anything else upon what may be called a friendly interest in persons and things. The kind [of interest in persons] that makes for happiness is the kind that likes to observe people and finds pleasure in their individual traits, that wishes to afford scope for the interests and pleasures of those with whom it is brought into contact without desiring to acquire power over them or to secure their enthusiastic admiration. The person whose attitude towards _____ is genuinely of this kind will be a source of happiness and a recipient of reciprocal kindness. To like many people spontaneously and without effort is perhaps the greatest of all sources of personal happiness.

① others
② things
③ pleasure
④ happiness

> 간혹가다 복잡한 문장구조를 가진 글이 출제되는 경우가 있었으나 어휘 수준과 지문 난이도는 상대적으로 낮아, 정답을 찾는데 어려움이 크지 않았습니다.

04 11 9급 공채

The white-tailed deer was one of the first animals to be protected by federal legislation. But as it turns out, unlike the passenger pigeon, white-tailed deer were not in much need of _____. They have proven to be highly adaptable creatures, and their population has not diminished despite the loss of wooded areas. Like squirrels and robins, white-tailed deer have adapted quite nicely to life on the edge of suburbia. In fact, they are happy to supplement their regular diets with fruits and vegetables from gardens. In addition, many home owners are fond of these gentle creatures and put out blocks of deer food that help the animals make it through harsh winters.

① evolution
② extinction
③ protection
④ habitat

> 간혹가다 복잡한 문장구조를 가진 글이 출제되는 경우가 있었으나 어휘 수준과 지문 난이도는 상대적으로 낮아, 정답을 찾는데 어려움이 크지 않았습니다.

05 12 9급 공채

There's a company based in London, Great Britain, that offers a unique service: You can hire people to wait in line for you. Of course there's a fee. The "waiters" will queue up for anything from concert tickets, to passports, to a line for a driver's license. The company says it has done some research showing that people in Britain spent about a year of their entire lives waiting in lines. Some people just don't want to spend time doing that. How much does the waiting service cost? Twenty nine dollars an hour. The company so far has eighty employees, most of them recruited from the long-term unemployed because "It's a job that doesn't require a lot of skill or experience." The one thing it does require is _____.

① creativity
② patience
③ practice
④ license

> 글 전체를 읽지 않더라도 wait, waiter, waiting in lines 등의 반복되는 단어만 파악해도 인내(patience)가 답인 것을 쉽게 찾을 수 있습니다. 이런 문제는 더 이상 출제되지 않습니다.

06 12 9급 공채

Farmland provides more than just crops for human and animal consumption. It provides raw materials used to make building materials, paper, and fuels. The lives of many people also revolve around farming, which gives them the driving force that keeps them alive. Farmland, however, has slowly been eliminated by urban sprawl, in which people in urban areas spread into and take over rural areas. In the near future, urban sprawl is going to leave us with a shortage of natural resources. We need to be aware of the potential risks in future years and _____.

① move from urban areas to rural areas for living in farmland
② start to restrict urban sprawl and unnecessary development
③ limit farming in rural areas and development in urban areas
④ accelerate the development of natural resources in a short period

> urban sprawl 이라는 다소 어려운 주제의 글이 출제되었지만, 선택지의 특별한 함정이 없어서 답을 어렵지 않게 찾을 수 있었습니다. 이런 문제들의 출제 가능성도 매우 낮아졌습니다.

07 12 9급 공채

다음 문장 뒤에 들어갈 글의 순서로 가장 적절한 것은?

Once, there was a little boy who had a bad temper. His father gave him a bag of nails and told him that every time he lost his temper, he must hammer a nail into the back of the fence.

(A) The father took his son by the hand and led him to the fence. He said, "You have done well, my son, but look at the holes in the fence. The fence will never be the same. When you say things in anger, they leave a scar just like this one."

(B) He told his father about it and the father suggested that the boy now pull out one nail for each day that he was able to hold his temper. The days passed and the young boy was finally able to tell his father that all the nails were gone.

(C) The first day the boy had driven six nails into the fence. Over the next few weeks, as he learned to control his anger, the number of nails hammered daily gradually dwindled. Finally the day came when the boy didn't lose his temper at all.

① (B) − (A) − (C)
② (B) − (C) − (A)
③ (C) − (A) − (B)
④ (C) − (B) − (A)

> 과거에 출제되던 순서 문제의 특징은 소위 '단서' 라고 불리는 표현들이 반드시 들어있었습니다. 여기서는 a boy 와 the boy, his father 와 the father 등의 표현이 단서가 되어 어렵지 않게 답을 찾을 수 있었습니다. 하지만 이런 형태의 문제들은 최근에는 출제되지 않고 있습니다.

2 요즘 독해

01 23 지방직

밑줄 친 부분에 들어갈 말로 알맞은 것은?

> How many different ways do you get information? Some people might have six different kinds of communications to answer—text messages, voice mails, paper documents, regular mail, blog posts, messages on different online services. Each of these is a type of in-box, and each must be processed on a continuous basis. It's an endless process, but it doesn't have to be exhausting or stressful. Getting your information management down to a more manageable level and into a productive zone starts by _____. Every place you have to go to check your messages or to read your incoming information is an in-box, and the more you have, the harder it is to manage everything. Cut the number of in-boxes you have down to the smallest number possible for you still to function in the ways you need to.

① setting several goals at once
② immersing yourself in incoming information
③ minimizing the number of in-boxes you have
④ choosing information you are passionate about

> 요즘 출제되는 독해 문제는 은유적 표현과 함축적 의미를 파악하는 능력을 묻는 경우가 많습니다. in-box 라는 표현이 무엇을 은유하는지를 파악하고 이에 따라 답을 해야 하는 문제이기 때문에, 단편적인 해석을 통해서는 문제가 요구하는 것이 무엇인지 알기 어렵습니다.

02 23 국가직

밑줄 친 부분에 들어갈 말로 알맞은 것은?

Over the last fifty years, all major subdisciplines in psychology have become more and more isolated from each other as training becomes increasingly specialized and narrow in focus. As some psychologists have long argued, if the field of psychology is to mature and advance scientifically, its disparate parts (for example, neuroscience, developmental, cognitive, personality, and social) must become whole and integrated again. Science advances when distinct topics become theoretically and empirically integrated under simplifying theoretical frameworks. Psychology of science will encourage collaboration among psychologists from various sub-areas, helping the field achieve coherence rather than continued fragmentation. In this way, psychology of science might act as a template for psychology as a whole by integrating under one discipline all of the major fractions/factions within the field. It would be no small feat and of no small import if the psychology of science could become a model for the parent discipline on how to combine resources and study science _____.

① from a unified perspective
② in dynamic aspects
③ throughout history
④ with accurate evidence

03 23 국가직

주어진 글 다음에 이어질 글의 순서로 알맞은 것은?

> All civilizations rely on government administration. Perhaps no civilization better exemplifies this than ancient Rome.

> (A) To rule an area that large, the Romans, based in what is now central Italy, needed an effective system of government administration.
> (B) Actually, the word "civilization" itself comes from the Latin word civis, meaning "citizen."
> (C) Latin was the language of ancient Rome, whose territory stretched from the Mediterranean basin all the way to parts of Great Britain in the north and the Black Sea to the east

① (A) − (B) − (C)
② (B) − (A) − (C)
③ (B) − (C) − (A)
④ (C) − (A) − (B)

> 과거에 비해 순서문제의 지문 길이가 매우 짧아졌습니다. 그럼에도 불구하고 난이도는 더 높아졌는데, 이는 글에서 다루는 내용이 매우 전문적이고 복잡해졌기 때문입니다. 그리고 무엇보다 과거에 제시되던 '단서'들을 찾기 어려워졌습니다. 이는 문장의 정확한 해석을 통해 글의 흐름을 파악하는 독서능력을 평가하는 형태로 문제의 성질이 변화했기 때문입니다.

04 23 국가직

주어진 글 다음에 이어질 글의 순서로 알맞은 것은?

> Just a few years ago, every conversation about artificial intelligence (AI) seemed to end with an apocalyptic prediction.

> (A) More recently, however, things have begun to change. AI has gone from being a scary black box to something people can use for a variety of use cases.
> (B) In 2014, an expert in the field said that, with AI, we are summoning the demon, while a Nobel Prize winning physicist said that AI could spell the end of the human race.
> (C) This shift is because these technologies are finally being explored at scale in the industry, particularly for market opportunities.

① (A) − (B) − (C)
② (B) − (A) − (C)
③ (B) − (C) − (A)
④ (C) − (A) − (B)

> 과거에 비해 지문은 짧아졌지만 다루는 주제가 더 무거워졌습니다. 무엇보다 기존에 제시되던 '단서'(this shift)가 제시되었음에도 불구하고 (C)문장 자체가 정확하게 해석되지 않으면 정답을 찾기 매우 어려운 형태의 문제였습니다. 공시 영어는 어느 때 보다 더 정확한 해석 능력이 요구되는 시험으로 변화했다는 것을 확인할 수 있습니다.

3 기출 포인트 및 공부법 정리

빈칸, 순서 문제의 특징 변화

1 : 지문의 길이보다는 추론의 수준이 높아졌다.

2 : 짧은 어구를 통해서도 주제와 문맥 등 많은 내용을 이해하는지를 묻는 문제가 늘어났다.

3 : 간혹 많이 어려운 어휘들이 출제되기도 한다.

빈칸, 순서 문제의 출제 포인트 변화

1 : 대략적인 내용 파악 (SKIP, SKIM) 능력을 파악하는 문제는 도태되었다.

2 : 정확한 문장 해석 능력을 요구하는 문제들이 늘어나고 있으며, 어휘 수준도 높아졌기 때문에, 문맥상 의미 추론 능력이 가장 중요하게 요구되고 있다.

3 : 독해 능력 뿐 아니라 전반적인 독서 추론 능력을 묻는 유형의 문제들이 늘어나고 있다. 다만 빈칸과 순서 문제 자체의 비중은 약간 줄어드는 추세이다.

공부 방향성 정리

1 : 아는 단어들 위주로 끼워 맞추는 대략적인 독해 OUT

2 : 5형식 이론에 끼워 맞춘 단순 해석 OUT

3 : 자기가 해석하고도 무슨 말인지 모르는 패턴 해석 OUT

4 : 문장 해석 후 각 문장 앞 뒤에 나오는 내용까지 추론하는 연습이 필요

추후
학습 계획

4 23년 독해B 기출 전 문항 정리

01 밑줄 친 부분에 들어갈 말로 알맞은 것은? 23 국가직 9급

In recent years, the increased popularity of online marketing and social media sharing has boosted the need for advertising standardization for global brands. Most big marketing and advertising campaigns include a large online presence. Connected consumers can now zip easily across borders via the internet and social media, making it difficult for advertisers to roll out adapted campaigns in a controlled, orderly fashion. As a result, most global consumer brands coordinate their digital sites internationally. For example, Coca-Cola web and social media sites around the world, from Australia and Argentina to France, Romania, and Russia, are surprisingly _____. All feature splashes of familiar Coke red, iconic Coke bottle shapes, and Coca-Cola's music and "Taste the Feeling" themes.

① experimental
② uniform
③ localized
④ diverse

02 밑줄 친 부분에 들어갈 말로 알맞은 것은?   23 국가직 9급

Over the last fifty years, all major subdisciplines in psychology have become more and more isolated from each other as training becomes increasingly specialized and narrow in focus. As some psychologists have long argued, if the field of psychology is to mature and advance scientifically, its disparate parts (for example, neuroscience, developmental, cognitive, personality, and social) must become whole and integrated again. Science advances when distinct topics become theoretically and empirically integrated under simplifying theoretical frameworks. Psychology of science will encourage collaboration among psychologists from various sub-areas, helping the field achieve coherence rather than continued fragmentation. In this way, psychology of science might act as a template for psychology as a whole by integrating under one discipline all of the major fractions/factions within the field. It would be no small feat and of no small import if the psychology of science could become a model for the parent discipline on how to combine resources and study science _____.

① from a unified perspective
② in dynamic aspects
③ throughout history
④ with accurate evidence

03 밑줄 친 부분에 들어갈 말로 알맞은 것은?   23 지방직 9급

> We live in the age of anxiety. Because being anxious can be an uncomfortable and scary experience, we resort to conscious or unconscious strategies that help reduce anxiety in the moment—watching a movie or TV show, eating, video-game playing, and overworking. In addition, smartphones also provide a distraction any time of the day or night. Psychological research has shown that distractions serve as a common anxiety avoidance strategy. _____, however, these avoidance strategies make anxiety worse in the long run. Being anxious is like getting into quicksand—the more you fight it, the deeper you sink. Indeed, research strongly supports a well-known phrase that "What you resist, persists."

① Paradoxically
② Fortunately
③ Neutrally
④ Creatively

04 밑줄 친 부분에 들어갈 말로 알맞은 것은?   23 지방직 9급

How many different ways do you get information? Some people might have six different kinds of communications to answer—text messages, voice mails, paper documents, regular mail, blog posts, messages on different online services. Each of these is a type of in-box, and each must be processed on a continuous basis. It's an endless process, but it doesn't have to be exhausting or stressful. Getting your information management down to a more manageable level and into a productive zone starts by _____. Every place you have to go to check your messages or to read your incoming information is an in-box, and the more you have, the harder it is to manage everything. Cut the number of in-boxes you have down to the smallest number possible for you still to function in the ways you need to.

① setting several goals at once
② immersing yourself in incoming information
③ minimizing the number of in-boxes you have
④ choosing information you are passionate about

05 밑줄 친 부분에 들어갈 것으로 가장 적절한 것은?   22 국가직 9급

Scientists have long known that higher air temperatures are contributing to the surface melting on Greenland's ice sheet. But a new study has found another threat that has begun attacking the ice from below: Warm ocean water moving underneath the vast glaciers is causing them to melt even more quickly. The findings were published in the journal Nature Geoscience by researchers who studied one of the many "ice tongues" of the Nioghalvfjerdsfjorden Glacier in northeast Greenland. An ice tongue is a strip of ice that floats on the water without breaking off from the ice on land. The massive one these scientists studied is nearly 50 miles long. The survey revealed an underwater current more than a mile wide where warm water from the Atlantic Ocean is able to flow directly towards the glacier, bringing large amounts of heat into contact with the ice and _____ the glacier's melting.

① separating
② delaying
③ preventing
④ accelerating

06 밑줄 친 부분에 들어갈 것으로 적절한 것은?

22 국가직 9급

Beliefs about maintaining ties with those who have died vary from culture to culture. For example, maintaining ties with the deceased is accepted and sustained in the religious rituals of Japan. Yet among the Hopi Indians of Arizona, the deceased are forgotten as quickly as possible and life goes on as usual. (A) , the Hopi funeral ritual concludes with a break-off between mortals and spirits. The diversity of grieving is nowhere clearer than in two Muslim societies - one in Egypt, the other in Bali. Among Muslims in Egypt, the bereaved are encouraged to dwell at length on their grief, surrounded by others who relate to similarly tragic accounts and express their sorrow. (B) , in Bali, bereaved Muslims are encouraged to laugh and be joyful rather than be sad.

	(A)	(B)
①	However	Similarly
②	In fact	By contrast
③	Therefore	For example
④	Likewise	Consequently

07 (A)와 (B)에 들어갈 말로 가장 적절한 것은? 22 지방직 9급

Duration shares an inverse relationship with frequency. If you see a friend frequently, then the duration of the encounter will be shorter. Conversely, if you don't see your friend very often, the duration of your visit will typically increase significantly. (A) , if you see a friend every day, the duration of your visit can be low because you can keep up with what's going on as events unfold. If, however, you only see your friend twice a year, the duration of your visits will be greater. Think back to a time when you had dinner in a restaurant with a friend you hadn't seen for a long period of time. You probably spent several hours catching up on each other's lives. The duration of the same dinner would be considerably shorter if you saw the person on a regular basis. (B) , in romantic relationships the frequency and duration are very high because couples, especially newly minted ones, want to spend as much time with each other as possible. The intensity of the relationship will also be very high.

	(A)	(B)
①	For example	Conversely
②	Nonetheless	Furthermore
③	Therefore	As a result
④	In the same way	Thus

08 밑줄 친 부분에 들어갈 적절한 것은?   22 지방직 9급

One of the most frequently used propaganda techniques is to convince the public that the propagandist's views reflect those of the common person and that he or she is working in their best interests. A politician speaking to a blue-collar audience may roll up his sleeves, undo his tie, and attempt to use the specific idioms of the crowd. He may even use language incorrectly on purpose to give the impression that he is "just one of the folks." This technique usually also employs the use of glittering generalities to give the impression that the politician's views are the same as those of the crowd being addressed. Labor leaders, businesspeople, ministers, educators, and advertisers have used this technique to win our confidence by appearing to be _____.

① beyond glittering generalities
② just plain folks like ourselves
③ something different from others
④ better educated than the crowd

09 밑줄 친 부분에 들어갈 적절한 것은? 22 지방직 9급

As a roller coaster climbs the first lift hill of its track, it is building potential energy- the higher it gets above the earth, the stronger the pull of gravity will be. When the coaster crests the lift hill and begins its descent, its potential energy becomes kinetic energy, or the energy of movement. A common misperception is that a coaster loses energy along the track. An important law of physics, however, called the law of conservation of energy, is that energy can never be created nor destroyed. It simply changes from one form to another. Whenever a track rises back uphill, the cars' momentum- their kinetic energy- will carry them upward, which builds potential energy, and roller coasters repeatedly convert potential energy to kinetic energy and back again. At the end of a ride, coaster cars are slowed down by brake mechanism that create _____ between two surfaces. This motion makes them hot, meaning kinetic energy is changed to heat energy during braking. Riders may mistakenly think coasters lose energy at the end of the track, but the energy just changes to and from different forms.

① gravity
② friction
③ vacuum
④ acceleration

10. 밑줄 친 부분에 들어갈 적절한 것은?   21 국가직 9급

Social media, magazines and shop windows bombard people daily with things to buy, and British consumers are buying more clothes and shoes than ever before. Online shopping means it is easy for customers to buy without thinking, while major brands offer such cheap clothes that they can be treated like disposable items—worn two or three times and then thrown away. In Britain, the average person spends more than £ 1,000 on new clothes a year, which is around four percent of their income. That might not sound like much, but that figure hides two far more worrying trends for society and for the environment. First, a lot of that consumer spending is via credit cards. British people currently owe approximately £ 670 per adult to credit card companies. That's 66 percent of the average wardrobe budget. Also, not only are people spending money they don't have, they're using it to buy things _____. Britain throws away 300,000 tons of clothing a year, most of which goes into landfill sites.

① they don't need
② that are daily necessities
③ that will be soon recycled
④ they can hand down to others

11 밑줄 친 부분에 들어갈 적절한 것은?   21 국가직 9급

Excellence is the absolute prerequisite in fine dining because the prices charged are necessarily high. An operator may do everything possible to make the restaurant efficient, but the guests still expect careful, personal service: food prepared to order by highly skilled chefs and delivered by expert servers. Because this service is, quite literally, manual labor, only marginal improvements in productivity are possible. For example, a cook, server, or bartender can move only so much faster before she or he reaches the limits of human performance. Thus, only moderate savings are possible through improved efficiency, which makes an escalation of prices _____. (It is an axiom of economics that as prices rise, consumers become more discriminating.) Thus, the clientele of the fine-dining restaurant expects, demands, and is willing to pay for excellence.

① ludicrous
② inevitable
③ preposterous
④ inconceivable

12 밑줄 친 부분에 들어갈 적절한 것은?

21 지방직 9급

The slowing of China's economy from historically high rates of growth has long been expected to _____ growth elsewhere. "The China that had been growing at 10 percent for 30 years was a powerful source of fuel for much of what drove the global economy forward", said Stephen Roach at Yale. The growth rate has slowed to an official figure of around 7 percent. "That's a concrete deceleration", Mr. Roach added.

① speed up
② weigh on
③ lead to
④ result in

13 밑줄 친 부분에 들어갈 적절한 것은?

　　As more and more leaders work remotely or with teams scattered around the nation or the globe, as well as with consultants and freelancers, you'll have to give them more _____. The more trust you bestow, the more others trust you. I am convinced that there is a direct correlation between job satisfaction and how empowered people are to fully execute their job without someone shadowing them every step of the way. Giving away responsibility to those you trust can not only make your organization run more smoothly but also free up more of your time so you can focus on larger issues.

① work
② rewards
③ restrictions
④ autonomy

14 (A)와 (B)에 들어갈 말로 가장 적절한 것은? 21 지방직 9급

Ancient philosophers and spiritual teachers understood the need to balance the positive with the negative, optimism with pessimism, a striving for success and security with an openness to failure and uncertainty. The Stoics recommended "the premeditation of evils," or deliberately visualizing the worst-case scenario. This tends to reduce anxiety about the future: when you soberly picture how badly things could go in reality, you usually conclude that you could cope. __(A)__, they noted, imagining that you might lose the relationships and possessions you currently enjoy increases your gratitude for having them now. Positive thinking, __(B)__, always leans into the future, ignoring present pleasures.

	(A)	(B)
①	Nevertheless	in addition
②	Furthermore	for example
③	Besides	by contrast
④	However	in conclusion

15 주어진 글 다음에 이어질 글의 순서로 알맞은 것은?   23 국가직 9급

> All civilizations rely on government administration. Perhaps no civilization better exemplifies this than ancient Rome.

(A) To rule an area that large, the Romans, based in what is now central Italy, needed an effective system of government administration.

(B) Actually, the word "civilization" itself comes from the Latin word civis, meaning "citizen."

(C) Latin was the language of ancient Rome, whose territory stretched from the Mediterranean basin all the way to parts of Great Britain in the north and the Black Sea to the east.

① (A) − (B) − (C)
② (B) − (A) − (C)
③ (B) − (C) − (A)
④ (C) − (A) − (B)

16 주어진 글 다음에 이어질 글의 순서로 알맞은 것은?   23 국가직 9급

Just a few years ago, every conversation about artificial intelligence (AI) seemed to end with an apocalyptic prediction.

(A) More recently, however, things have begun to change. AI has gone from being a scary black box to something people can use for a variety of use cases.

(B) In 2014, an expert in the field said that, with AI, we are summoning the demon, while a Nobel Prize winning physicist said that AI could spell the end of the human race.

(C) This shift is because these technologies are finally being explored at scale in the industry, particularly for market opportunities.

① (A) − (B) − (C)
② (B) − (A) − (C)
③ (B) − (C) − (A)
④ (C) − (A) − (B)

17 주어진 글 다음에 이어질 글의 순서로 알맞은 것은?   23 국가직 9급

> Today, Lamarck is unfairly remembered in large part for his mistaken explanation of how adaptations evolve. He proposed that by using or not using certain body parts, an organism develops certain characteristics.

(A) There is no evidence that this happens. Still, it is important to note that Lamarck proposed that evolution occurs when organisms adapt to their environments. This idea helped set the stage for Darwin.

(B) Lamarck thought that these characteristics would be passed on to the offspring. Lamarck called this idea inheritance of acquired characteristics.

(C) For example, Lamarck might explain that a kangaroo's powerful hind legs were the result of ancestors strengthening their legs by jumping and then passing that acquired leg strength on to the offspring. However, an acquired characteristic would have to somehow modify the DNA of specific genes in order to be inherited.

① (A) − (C) − (B)
② (B) − (A) − (C)
③ (B) − (C) − (A)
④ (C) − (A) − (B)

18 주어진 글 다음에 이어질 글의 순서로 가장 적절한 것은?   22 지방직 9급

For people who are blind, everyday tasks such as sorting through the mail or doing a load of laundry present a challenge.

(A) That's the thinking behind Aira, a new service that enables its thousands of users to stream live video of their surroundings to an on-demand agent, using either a smartphone or Aira's proprietary glasses.

(B) But what if they could "borrow" the eyes of someone who could see?

(C) The Aira agents, who are available 24/7, can then answer questions, describe objects or guide users through a location.

① (A) − (B) − (C)
② (A) − (C) − (B)
③ (B) − (A) − (C)
④ (C) − (A) − (B)

19. 주어진 글 다음에 이어질 글의 순서로 가장 적절한 것은?   22 지방직 9급

> To be sure, human language stands out from the decidedly restricted vocalizations of monkeys and apes. Moreover, it exhibits a degree of sophistication that far exceeds any other form of animal communication.

(A) That said, many species, while falling far short of human language, do nevertheless exhibit impressively complex communication systems in natural settings.

(B) And they can be taught far more complex systems in artificial contexts, as when raised alongside humans.

(C) Even our closest primate cousins seem incapable of acquiring anything more than a rudimentary communicative system, even after intensive training over several years. The complexity that is language is surely a species-specific trait.

① (A) − (B) − (C)
② (B) − (C) − (A)
③ (C) − (A) − (B)
④ (C) − (B) − (A)

20. 주어진 글 다음에 이어질 글의 순서로 가장 적절한 것은? 21 지방직 9급

Growing concern about global climate change has motivated activists to organize not only campaigns against fossil fuel extraction consumption, but also campaigns to support renewable energy.

(A) This solar cooperative produces enough energy to power 1,400 homes, making it the first large-scale solar farm cooperative in the country and, in the words of its members, a visible reminder that solar power represents "a new era of sustainable and 'democratic' energy supply that enables ordinary people to produce clean power, not only on their rooftops, but also at utility scale."

(B) Similarly, renewable energy enthusiasts from the United States have founded the Clean Energy Collective, a company that has pioneered "the model of delivering clean power-generation through medium-scale facilities that are collectively owned by participating utility customers."

(C) Environmental activists frustrated with the UK government's inability to rapidly accelerate the growth of renewable energy industries have formed the Westmill Wind Farm Co-operative, a community-owned organization with more than 2,000 members who own an onshore wind farm estimated to produce as much electricity in a year as that used by 2,500 homes. The Westmill Wind Farm Co-operative has inspired local citizens to form the Westmill Solar Co-operative.

① (C) − (A) − (B)
② (A) − (C) − (B)
③ (B) − (C) − (A)
④ (C) − (B) − (A)

정답 및 해설

기출분석노트

01 ②

해석 최근 온라인 마케팅과 소셜 미디어 공유의 인기가 상승하면서 글로벌 브랜드의 광고 표준화에 대한 필요성이 커지고 있다. 대부분의 대형 마케팅 및 광고 캠페인은 대규모 온라인 활동을 포함한다. 연결된 소비자들이 이제 인터넷과 소셜 미디어를 통해 국경을 쉽게 넘나들 수 있고, 광고주들이 통제되고 질서정연한 방식으로, 맞춤화된 캠페인을 전개하는 것이 어려워 졌다. 그 결과, 대부분의 글로벌 소비자 브랜드는 국제적으로 그들의 디지털 사이트를 조정한다. 예를 들어, 호주와 아르헨티나에서부터 프랑스, 루마니아, 러시아에 이르기까지 전 세계적으로 코카콜라의 웹과 소셜 미디어 사이트들은 놀라울 정도로 획일적이다. 이들은 모두 친숙한 코카콜라의 붉은색, 상징적인 코카콜라의 병 모양, 코카콜라의 음악, 'Taste the Feeling' 테마 등 (우리에게) 잘 알려진 것들을 특징으로 한다.
① 실험적인
② 획일적인
③ 국지적인
④ 다양한

02 ①

해석 지난 50년 동안 심리학의 모든 주요 하위 분야는 교육이 점점 전문화되고 그 초점이 좁아짐에 따라 서로 점점 더 고립되어 왔다. 일부 심리학자들이 오랫동안 주장해 온 것처럼, 심리학 분야가 과학적으로 성숙해지고 발전하기 위해서는, 그것의 이질적인 부분들(예를 들어, 신경과학, 발달, 인지, 성격, 사회 등)이 다시 완전해지고 통합되어야 한다. 과학은 단일화하는 이론적 틀 하에서 서로 다른 주제들이 이론적으로, 경험적으로 통합될 때 발전한다. 과학 심리학은 여러 하위 영역의 심리학자 간의 협업을 장려할 것이고 이 분야가 지속적인 분열보다는 일관성을 갖추도록 도울 것이다. 이러한 방식으로 과학 심리학은 심리학 분야의 모든 주요 분과/분파를 하나의 학문으로 통합함으로써 심리학 전체에 대한 모범이 될 수 있다. 과학 심리학이 자원을 결합하는 방법 및 과학을 통합된 관점에서 연구하는 방법에 대한 상위 분야 학문의 모델이 될 수 있다면, 이는 결코 작은 업적이 아니며 적지 않은 중요성을 가질 것이다.
① 통합된 관점에서
② 역동적인 측면에서
③ 역사 전반에 걸쳐
④ 정확한 증거를 가지고

03 ①

해석 우리는 불안의 시대에 살고 있다. 불안해하는 것은 불편하고 무서운 경험일 수 있기에, 우리는 순간적으로 불안을 줄이는 데 도움이 되는 의식적 또는 무의식적 전략들에 의지한다– 영화나 TV 쇼 시청하기, 먹기, 비디오 게임하기, 과로하기 등. 또한, 스마트폰은 낮이든 밤이든 어느 때든 주의를 분산시키게 만들기도 한다. 심리학 연구는 주의를 분산시키는 것들이 일반적인 불안 회피 전략으로 작용한다는 것을 보여주었다. 그러나 역설적으로, 이러한 회피 전략은 장기적으로는 불안을 악화시킨다. 불안해하는 것은 모래 구덩이에 빠지는 것과 같아서, 당신은 그것에 맞서 싸울수록 더 깊이 가라앉는다. 실제로, 연구는 "당신이 저항하는 것은 지속된다"라는 잘 알려진 말을 강력하게 뒷받침한다.

04 ③

해석 당신이 정보를 얻는 방법은 얼마나 다양한가? 어떤 사람들은 답하기 위해 6가지의 다른 종류의 의사소통 방식을 가지고 있을 수 있다– 문자, 음성메세지, 종이문서, 우편, 블로그 포스팅, 다양한 온라인 서비스 메시지 등. 이것들은 일종의 문서함이며 지속적으로 처리되어야 한다. 그것은 끝없는 과정이지만, 지치거나 스트레스받을 필요는 없다. 당신의 정보 관리를 더 관리하기 쉬운 수준으로 낮추고 생산적인 영역으로 접어들게 하는 것은 당신이 가진 문서함의 수를 최소화하는 것으로 시작한다. 당신이 메시지를 확인하거나 수신된 정보를 읽으러 가야 하는 곳은 모두 문서함이며, 문서함이 많을수록 모든 것을 관리하기가 더 어려워진다. 당신이 가진 문서함의 수를 당신이 필요한 방식으로 계속 활동할 수 있도록 하기위해 최소한으로 줄여라.
① 동시에 여러 가지 목표 설정
② 들어오는 정보 속에서 자신을 몰두시킴
③ 당신이 가진 문서의 수를 최소화하기
④ 당신이 열정을 쏟는 정보를 선택하기

05 ④

과학자들은 오래 전부터 높은 기온이 그린란드 빙상의 표면이 녹는 것에 기여하고 있다는 것을 알고 있었다. 하지만 새로운 연구는 아래로부터 얼음을 공격하기 시작한 또 다른 위협을 발견했는데, 거대한 빙하 아래에서 이동하는 따뜻한 바닷물이 빙하를 훨씬 더 빨리 녹게 하고 있다는 것이다. 이 연구 결과는 그린란드 북동부에 있는 빙하 79N(Nioghalvfjerdsfjorden Glacier)의 많은 "빙설" 중 하나를 연구한 연구자들에 의해 Nature Geoscience지에 실렸다. 빙설은 육지의 얼음에서 떨어지지 않고 물 위를 떠다니는 얼음 조각이다. 이 과학자들이 연구한 그 거대한 빙설은 길이가 거의 50마일 가까이 된다. 이 조사는 대서양에서 나온 따뜻한 물이 빙하를 향해 직접 흐를 수 있어서, 폭이 1마일 이상인 수중 해류가 많은 양의 열을 얼음과 접촉시켜 빙하가 녹는 것을 가속화시키는 것을 발견했다.
① 분리시키는
② 지연시키는
③ 방지하는
④ 가속화시키는

06 ②

죽은 사람들과의 유대를 유지하는 것에 대한 믿음은 문화마다 다르다. 예를 들어, 고인과 유대를 유지하는 것은 일본의 종교 의식에서는 받아들여지고 지속된다. 하지만 Arizona의 Hopi 인디언들 사이에서는 고인이 가능한 한 빨리 잊히고 삶은 평소와 같이 계속된다. 실제로, Hopi의 장례 의식은 인간과 영혼 사이를 끊는 것으로 끝난다. 애도의 다양성은 이집트와 발리, 두 이슬람교 사회에서보다 더 명확한 곳은 없다. 이집트의 이슬람교도 사이에서 유족들은 비슷하게 비극적인 이야기와 자신의 슬픔을 표현하는 다른 사람들에게 둘러싸여 그들의 슬픔을 길고 충분히 생각하도록 권해진다. 반대로, 발리에서는 이슬람교 유족들이 슬퍼하기보다는 웃고 기뻐하도록 권해진다.

07 ①

지속 시간은 빈도와 역관계를 가진다. 만약 여러분이 친구를 자주 만난다면, 만남의 지속시간은 더 짧아질 것이다. 반대로 친구를 자주 만나지 않으면, 만남의 지속 시간이 일반적으로 상당히 늘어날 것이다. 예를 들어, 만약 여러분이 매일 친구를 만난다면, 여러분은 사건이 전개될 때 일어나는 일들에 대해 알기 때문에 방문의 지속 시간이 짧을 수 있다. 하지만, 만약 여러분이 친구를 일 년에 두 번만 만난다면, 만남의 지속 시간은 더 길어질 것이다. 당신이 오랫동안 보지 못한 친구와 식당에서 저녁식사 했던 때를 생각해 봐라. 여러분은 아마도 서로의 삶을 알아차리는 데 몇 시간을 보냈을 것이다. 만약 당신이 정기적으로 그 사람을 본다면 같은 저녁 식사 시간은 상당히 짧아졌을 것이다. 반대로, 연인 관계에서, 커플들, 특히 새로 만난 커플들은 서로 가능한 한 많은 시간을 보내고 싶어 하기 때문에 빈도와 지속 시간이 매우 높다. 관계의 강도 또한 매우 높을 것이다.

08 ②

가장 자주 사용되는 선전 기법 중 하나는 대중들에게 선전자의 생각이 대중의 견해를 반영하고 그들이 최선의 이익을 위해 일하고 있다는 것을 확신시키는 것이다. 블루칼라(노동자)에게 말하는 정치인은 소매를 걷고 넥타이를 풀고 군중들의 특정한 표현을 사용하려고 시도할 지도 모른다. 그는 심지어 자신이 "그 사람들 중 한 명일뿐"이라는 인상을 주기 위해 고의로 언어를 잘못 사용할 수도 있다. 이 기법은 또한 정치가의 견해가 연설을 전달받고 있는 군중의 견해와 같다는 인상을 주기 위해 화려한 미사여구를 사용한다. 노동 지도자들, 사업가들, 장관들, 교육자들, 그리고 광고들은 우리와 같이 평범한 사람들인 것처럼 보임으로써 우리의 신뢰를 얻기 위해 이 기법을 사용해왔다.
① 화려한 미사여구를 넘어서는
② 우리와 같이 평범한 사람들
③ 남들과는 다른 무언가
④ 대중들보다 더 교육받은

09 ②

[해석] 롤러코스터가 트랙의 첫 리프트 언덕을 오를 때, 그것은 위치 에너지를 만들고 있다. 그것이 지구 위로 올라갈수록, 중력의 당기는 힘은 더 강해질 것이다. 롤러코스터가 리프트 언덕에 이르러 하강하기 시작할 때, 그것의 위치 에너지는 운동 에너지 또는 에너지의 이동이 된다. 흔한 오해는 롤러코스터가 트랙을 따라가면서 에너지를 잃는다는 것이다. 하지만 에너지 보존의 법칙이라고 불리는 물리학의 중요한 법칙은 에너지가 결코 생성되거나 파괴될 수 없다는 것이다. 그것은 단지 한 형태에서 다른 형태로 변하는 것이다. 트랙이 다시 오르막으로 올 때마다, 롤러코스터의 운동 에너지인 가속도가 그것들을 위로 운반하여 위치 에너지를 만들고 롤러코스터는 반복적으로 위치 에너지를 운동 에너지로 전환하고 다시 돌아온다. 놀이기구가 끝날 때쯤에, 롤러코스터는 두 표면 사이에 마찰을 일으키는 브레이크 장치에 의해 속도가 느려진다. 이 동작은 그것들을 뜨겁게 만들며, 이는 제동 시 운동에너지가 열에너지로 바뀐다는 것을 의미한다. 라이더들은 롤러코스터가 트랙의 끝에서 에너지를 잃는다고 잘못 생각할 수도 있지만, 에너지는 단지 다른 형태로 바뀔 뿐이다.

① 중력
② 마찰
③ 진공
④ 가속

10 ①

[해석] 소셜 미디어, 잡지, 상품 진열장은 매일 사람들에게 사야 할 물건들을 퍼붓고 있으며, 영국 소비자들은 그 어느 때보다도 더 많은 옷과 신발을 사고 있다. 온라인 쇼핑은 주요 브랜드들은 두세 번 입고 나서 버릴 수 있는 일회용품처럼 취급이 되는 값싼 옷을 제공하는 반면 소비자들은 생각없이 사기 쉽다는 것을 의미한다. 영국에서, 보통 사람들은 새 옷에 일 년에 1,000파운드 이상을 소비하는데, 이것은 그들의 수입의 약 4%에 해당한다. 그렇게 많은 것처럼 들리진 않겠지만, 그 수치는 사회와 환경에 대한 훨씬 더 걱정스러운 두 가지 경향을 감추고 있다. 첫째는, 그 소비자 지출의 상당 부분이 신용카드를 통해 이루어진다는 것이다. 영국인들은 현재 신용카드 회사에 성인 1인당 약 670파운드의 빚을 지고 있다. 이는 평균 옷 예산의 66%이다. 또한, 사람들은 가지고 있지 않은 돈을 쓸 뿐만 아니라, 필요하지 않은 물건을 사는 데에 돈을 사용하고 있다. 영국은 1년에 30만 톤의 의류를 버리는데 그 대부분은 쓰레기 매립지로 간다.

① 필요하지 않은
② 생활필수품인
③ 곧 재활용 될
④ 다른 사람들에게 물려줄 수 있는

11 ②

[해석] 뛰어남이 절대적 전제 조건이다 왜냐하면 고급 식당에서는 청구되는 가격이 반드시 높기 때문이다. 운영자는 식당을 효율적으로 만들기 위해 가능한 한 모든 것을 할지 모른다. 하지만 손님들은 여전히 신중한 개인적인 서비스를 기대한다: 매우 숙련된 요리사가 주문에 따라 준비하고 전문 서버가 전달하는 음식. 이 서비스는 문자 그대로 수작업이기 때문에 생산성에 있어서 미미한 개선만이 가능하다. 예를 들어, 요리사, 서버, 또는 바텐더가 인간 수행능력의 한계에 도달하기 전에 겨우 조금 더 빨리 움직일 수 있다. 따라서 그냥 적당한 절약만이 효율성 향상을 통해 가능하고, 이는 가격 상승을 불가피하게 만든다. (가격이 오르면 소비자들이 더 안목을 가진다는 것은 경제학의 이치다.) 따라서, 이 고급 레스토랑의 손님들은 우수성을 기대하고, 요구하며, 기꺼이 비용을 지불할 것이다.

① 우스꽝스러운
② 불가피한
③ 터무니없는
④ 상상 할 수 없는

12 ②

[해석] 역사적으로 높은 성장률에서 중국 경제의 지체는 오래전부터 다른 곳에서의 성장에 부담이 될 것으로 예상되어 왔다. "30년 동안 10%대 성장을 해온 중국은 세계 경제를 견인하는 데 강력한 연료 공급원이었다"라고 예일대의 Stephen Roach는 말했다. 성장률이 7%대의 공식적인 수치로 둔화되었다. "그건 구체적인 감속이다." 라고 Roach가 덧붙였다.

① 촉발시키다
② 부담을 주다
③ ~로 이어지다
④ ~의 결과가 되다

13   ④

해석   점점 더 많은 리더들이 멀리서(원격으로) 일하거나 전국 또는 전 세계에 흩어져 있는 컨설턴트나 프리랜서들과 함께뿐만 아니라 팀과 함께 일함에 따라, 그들에게 더 많은 자율성을 주어야 할 것이다. 당신이 더 많은 신뢰를 줄수록, 다른 사람들은 당신을 더 신뢰한다. 직무만족과 권한을 부여받은 사람들이 모든 단계에 그들을 따라다니는 사람 없이 자신의 일을 얼마나 완벽하게 수행하는지 사이에 직접적인 상관관계가 있다고 확신한다. 신뢰할 수 있는 사람들에게 책임을 넘기는 것은 조직의 운영도 더 원활하게 만들 뿐만 아니라 더 많은 시간을 자유롭게 주어 더 큰 이슈에 집중하도록 한다.
① 일   ② 보상
③ 제한   ④ 자율성

14   ③

해석   고대 철학자들과 영적 교사들은 긍정적인 것과 부정적인 것, 낙관적인 것과 비관적인 것, 성공을 위한 노력 그리고 실패와 불확실성에 개방적인 안정과의 균형을 맞춰야 할 필요성을 이해했다. 스토아 학자들은 "악의 선입견" 또는 최악의 상황을 의도적으로 시각화 할 것을 추천했다. 이것은 미래에 대한 걱정을 줄여주는 경향이 있다: 여러분이 현실에서 상황이 얼마나 악화될 수 있는지를 냉정하게 상상할 때, 여러분은 보통 여러분이 대처할 수 있다고 결론을 내린다. 게다가, 그들은, 여러분이 현재 누리고 있는 관계와 재산을 잃게 될 수도 있다고 상상하는 것은, 그것들을 지금 가지고 있는 것에 대한 여러분의 감사함을 증가시킨다고 언급했다. 반면에 긍정적인 사고는 항상 현재의 기쁨을 무시하고 미래로 기울어진다.

15   ③

해석   모든 문명은 정부 행정에 의존한다. 고대 로마보다 이것을 보여주는 좋은 예가 되는 문명은 아마 없을 것이다. (B) 실제로, '문명'이라는 단어 자체는 '시민'을 의미하는 라틴어 단어 'civis'에서 유래한다. (C) 라틴어는 지중해에서부터 북쪽의 영국 일부와 동쪽의 흑해까지 뻗어있던 고대 로마의 언어였다. (A) 그렇게 넓은 영역을 통치하기 위해서는 현재 이탈리아의 중앙인 곳에 기반을 두었던 로마인들이 효과적인 정부 행정 시스템이 필요했다.

16   ②

해석   몇 년 전까지 인공지능(AI)에 대한 모든 대화는 종말론적인 예측으로 끝나는 것처럼 보였다. (B) 2014년에 이 분야의 한 전문가는 AI를 통해 우리는 악마를 소환하고 있다고 말했고, 노벨상을 수상한 한 물리학자는 AI가 인류의 종말을 불러올 수 있다고 말했다. (A) 하지만 최근에는 상황이 바뀌기 시작했다. AI는 무서운 블랙박스에서 사람들이 다양한 이용 사례에서 활용할 수 있는 무언가로 바뀌었다. (C) 이러한 변화는 이 기술들이 마침내 산업에서 적절한 규모로, 특히 시장 기회를 위해 탐색되고 있기 때문이다.

17   ③

해석   오늘날, Lamarck는 어떻게 적응이 진화하는지에 대한 잘못된 설명으로 대부분 부당하게 기억된다. 그는 생명체가 특정 신체 부위를 사용하거나 사용하지 않음으로써 특정 형질을 발달시킨다고 제안했다. (B) Lamarck는 이러한 특성이 후대에게 전해질 것이라고 생각했다. Lamarck는 이 생각을 '획득 형질의 유전'이라고 불렀다. (C) 예를 들어, Lamarck는 캥거루의 강력한 뒷다리가 조상들이 뛰면서 그들의 다리를 강화시키고 그 획득된 다리 힘을 후대에게 전해준 결과라고 설명할 수 있다. 그러나 획득 형질은 유전되기 위해선 특정 유전자의 DNA를 어떻게든 변형시켜야 할 것이다. (A) 이것이 일어난다는 증거는 없다. 그럼에도 불구하고, Lamarck가 생명체가 자신의 환경에 적응할 때 진화가 일어남을 제안한 것에 주목하는 것은 중요하다. 이 생각은 Darwin을 위한 무대를 마련하는 데 도움이 되었다.

18   ③

해석   시각 장애인들에게 우편을 분류하거나 한 무더기의 빨래를 하는 것과 같은 일상적인 일은 어려운 일이다. (B) 하지만 만약 그들이 볼 수 있는 누군가의 눈을 "빌릴" 수 있다면 어떨까? (A) 그것은 수천 명의 사용자들이 스마트폰이나 Aira의 전용 안경을 사용하여 그들 주변 환경의 실시간 비디오를 맞춤형 에이전트에 스트리밍할 수 있게 해주는 새로운 서비스인 Aira의 배경인 생각이다. (C) 연중무휴로 이용할 수 있는 Aira 에이전트들은 그리고 질문에 답하거나, 사물을 설명하거나, 사용자에게 위치를 안내할 수 있다.

19 ③

[해석] 확실히, 인간의 언어는 원숭이와 유인원의 명백히 제한된 발성에서 두드러진다. 게다가 그것은 어느 다른 형태의 동물 의사소통을 훨씬 뛰어넘는 정도의 정교함을 보여준다. (C)심지어 우리의 가장 가까운 영장류 사촌들조차 몇 년 동안 집중적인 훈련을 받은 후에도 기초적인 의사소통 체계 그 이상은 습득할 수 없는 것처럼 보인다. 언어라는 복잡성은 확실히 종의 특성이다. (A) 즉 그 말은, 많은 종들은, 인간의 언어에는 크게 못 미치지만, 자연환경에서 인상적으로 복잡한 의사소통 체계를 인상적으로 보여준다. (B) 그리고 그들은 인간과 함께 길러지는 경우와 같이, 인위적인 상황에서 훨씬 더 복잡한 체계들을 배울 수 있다.

20 ①

[해석] 지구 기후 변화에 대한 늘어난 걱정은 운동가들에게 화석 연료 추출 소비에 대한 캠페인뿐만 아니라 신재생에너지를 지지하기 위한 캠페인을 조직하도록 동기를 부여해왔다. (C) 신재생에너지 산업의 성장을 급격하게 가속하는 영국 정부의 무능함에 좌절한 환경 운동가들은 2500개 가정이 사용하는 연간 전력만큼을 생산하는 것으로 추정되는 육지 풍력 발전기를 소유하고 있는 2000명 이상의 지역공동체 소유의 조직인 Westmill Wind Farm 주식회사를 설립했다. Westmill Wind Farm 주식회사는 지역의 시민들이 Westmill Solar 주식회사를 설립하도록 영감을 주었다. (A) 이 태양(광) 회사는 1400개 가정에 동력을 공급할 만큼 충분한 에너지를 생산하며, 이 나라에서 첫 번째로 큰 규모의 태양 발전 회사로 만들었으며, 그 구성원들의 말에 따르면, 태양 발전이 "평범한 사람들이 그들의 지붕 뿐만 아니라 공익시설 규모에서 청정에너지를 생산할 수 있도록 하는 지속 가능하고 민주적인 에너지 공급의 새 시대"를 보여주는 독촉장(생각나게 하는 것)이다. (B) 유사하게, 미국의 신재생 에너지 열광자들은 공동 소비자들을 참여시킴으로써 공동으로 소유하는 중간규모의 시설을 통해 청정 에너지 생산을 전달하는 모델을 선구한 기업인 Clean Energy Collective를 설립했다.

Soar : 소오름
기출분석 노트

CHAPTER 6
생활영어

출제 트렌드 변화 후 시험을 가장 완벽하게 분석한 교재

CHAPTER 6 · 생활영어

출제 트렌드 변화 후 시험을 가장 완벽하게 분석한 교재

기출분석노트   이얼영어 www.modoogong.com

1 옛날 생활영어

01 11 9급 공채

다음 대화 내용 중 가장 어색한 것은?

① A : Are we still going on a picnic tomorrow? It might rain.
   B : Let's wait and see.
② A : Would you like to have a dinner with me this weekend?
   B : I'm sorry I can't make it. Can you give me a rain check?
③ A : Can you hand in the report as soon as possible?
   B : Be my guest.
④ A : Is it true that Mr. Smith is out of town?
   B : Not that I know of.

> 생활영어는 문제 출제의 패턴이나 방향성이 가장 일관되게 유지되고 있으며, 과거나 현재의 경우 큰 차이가 없습니다. 정확한 해석을 통해 문맥을 파악하는 것을 묻고 있으며 또한 be my guest 라는 표현의 의미를 묻고 있습니다.

02 11 9급 공채

밑줄 친 부분에 들어갈 표현으로 가장 적절한 것은?

A : What are you doing?
B : I'm looking at my calendar. I have a dental appointment tomorrow.
A : Tomorrow? But we're going to Jim's wedding tomorrow.
B : Yes, I know. _____.
A : Is it for a regular checkup?
B : No. It's just for the cleaning.

① You must cancel the appointment
② You have to mark it on the calendar
③ I don't want to see my doctor
④ I need to reschedule it

> 대화의 흐름을 파악하는 문제입니다. 특별한 표현을 암기하는 것이 아니라 정확한 맥락 해석을 할 수 있는 능력을 평가합니다. B는 달력을 보면서 자신의 스케줄을 확인하고 있으므로, 1,2는 답이 될 수 없으며, 이미 치과 예약이 잡혀있는 상황이므로 3도 답이 될 수 없습니다.

2 요즘 생활영어

01 23 국가직

밑줄 친 부분에 들어갈 말로 알맞은 것을 고르시오.

> A : I got this new skin cream from a drugstore yesterday. It is supposed to remove all wrinkles and make your skin look much younger.
> B : _____.
> A : Why don't you believe it? I've read in a few blogs that the cream really works.
> B : I assume that the cream is good for your skin, but I don't think that it is possible to get rid of wrinkles or magically look younger by using a cream.
> A : You are so pessimistic.
> B : No, I'm just being realistic. I think you are being gullible.

① I don't buy it.
② It's too pricey.
③ I can't help you out.
④ Believe it or not, it's true.

> 요즘 출제되는 생활영어도 과거와 큰 차이가 없습니다.
> A가 자신이 사용하는 스킨크림에 대해 추천할 때 B의 반응을 묻는 문제로 빈칸 다음에 이어지는 A의 답변을 볼 때, B는 스킨크림의 효능을 믿지 않는다는 것을 쉽게 알 수 있습니다. 따라서 너무 비싸거나, 내가 도울 수 없다거나 이것은 사실이라는 2,3,4 는 답이 될 수 없습니다.
> buy가 일상언어로 사용될 때, 믿다 라는 의미가 있다는 것을 반드시 알아야만 풀 수 있는 문제는 아닙니다.

02 23 지방직

밑줄 친 부분에 들어갈 말로 가장 적절한 것을 고르시오.

> A : Pardon me, but could you give me a hand, please?
> B : _____.
> A : I'm trying to find the Personnel Department. I have an appointment at 10.
> B : It's on the third floor.
> A : How can I get up there?
> B : Take the elevator around the corner.

① We have no idea how to handle this situation.
② Would you mind telling us who is in charge?
③ Yes. I could use some help around here.
④ Sure. Can I help you with anything?

> 의문문에 대한 적절한 답변을 묻는 문제입니다. could you~? 로 질문했기 때문에, 답변은 기본적으로 Yes, 혹은 No로 시작하는 것이 일반적입니다. 질문에 대해 단순 평서문으로 답하는 1과, 질문에 대한 답변 없이 다시 질문만 던지는 2는 답이 될 수 없습니다. give a hand가 돕다 라는 의미를 가진다는 것을 반드시 알아야만 풀 수 있는 문제는 아닙니다.

CHAPTER6. 생활영어 145

3 기출 포인트 및 공부법 정리

생활영어 문제의 특징 변화

1 : 가끔 특수한 표현들이 출제되고 있지만 큰 변화는 감지하기 어려움

2 : 모든 표현을 외우기 보다는 일상 생활에서 빈번하게 쓰이는 표현들에 익숙한지를 묻는 문제들이 지속적으로 출제되고 있음

3 : 언제나 소거법을 사용할 수 있음

생활영어 문제의 출제 포인트 변화

1 : 지난 10년동안 가장 일관성있게 출제되는 영역으로, 실질적인 영어 이해능력과 구사능력을 평가하는 형태로 계속 출제될 것

2 : 단어나 숙어의 일방적인 암기 보다는 대화의 맥을 이해하는 능력을 기르면 크게 어려운 부분이 아님

3 : 생활영어를 따로 공부하는 것 보다는 평소 독서에서 문맥을 읽는 능력이 있는지를 확인하려는 것이 출제자의 의도로 파악됨

공부 방향성 정리

1 : 필수 생활영어 숙어 500 암기 금지

2 : 하루에 생활영어 N문제씩 풀겠다고 다짐하기 금지

3 : 공시 공부하면서 영어 회화 공부도 하겠다고 결심하기 금지

4 : 생활영어만 따로 다루는 교재나 강의 듣기 금지

4 23년 생활영어 기출 전 문항 정리

01 밑줄 친 부분에 들어갈 말로 알맞은 것을 고르시오. 23 국가직 9급

> A : I got this new skin cream from a drugstore yesterday. It is supposed to remove all wrinkles and make your skin look much younger.
> B : _____.
> A : Why don't you believe it? I've read in a few blogs that the cream really works.
> B : I assume that the cream is good for your skin, but I don't think that it is possible to get rid of wrinkles or magically look younger by using a cream.
> A : You are so pessimistic.
> B : No, I'm just being realistic. I think you are being gullible.

① I don't buy it.
② It's too pricey.
③ I can't help you out.
④ Believe it or not, it's true.

02 밑줄 친 부분에 들어갈 말로 알맞은 것을 고르시오. 23 국가직 9급

> A : I'd like to go sightseeing downtown. Where do you think I should go?
> B : I strongly suggest you visit the national art gallery.
> A : Oh, that's a great idea. What else should I check out?
> B : _____.
> A : I don't have time for that. I need to meet a client at three.
> B : Oh, I see. Why don't you visit the national park, then?
> A : That sounds good. Thank you!

① This is the map that your client needs. Here you go.
② A guided tour to the river park. It takes all afternoon.
③ You should check it out as soon as possible.
④ The checkout time is three o'clock.

03 두 사람의 대화 중 자연스럽지 않은 것은? 23 국가직 9급

① A : He's finally in a hit movie!
　B : Well, he's got it made.
② A : I'm getting a little tired now.
　B : Let's call it a day.
③ A : The kids are going to a birthday party.
　B : So, it was a piece of cake.
④ A : I wonder why he went home early yesterday.
　B : I think he was under the weather.

04 밑줄 친 부분에 들어갈 말로 가장 적절한 것을 고르시오. 23 지방직 9급

A : Pardon me, but could you give me a hand, please?
B : _____.
A : I'm trying to find the Personnel Department. I have an appointment at 10.
B : It's on the third floor.
A : How can I get up there?
B : Take the elevator around the corner.

① We have no idea how to handle this situation.
② Would you mind telling us who is in charge?
③ Yes. I could use some help around here.
④ Sure. Can I help you with anything?

05 밑줄 친 부분에 들어갈 말로 가장 적절한 것을 고르시오. 23 지방직 9급

A : You were the last one who left the office, weren't you?
B : Yes. Is there any problem?
A : I found the office lights and air conditioners on this morning.
B : Really? Oh, no. Maybe I forgot to turn them off last night.
A : Probably they were on all night.
B : _____.

① Don't worry. This machine is working fine.
② That's right. Everyone likes to work with you.
③ I'm sorry. I promise I'll be more careful from now on.
④ Too bad. You must be tired because you get off work too late.

06 두 사람의 대화 중 자연스럽지 않은 것은? 23 지방직 9급

① A : How would you like your hair done?
　B : I'm a little tired of my hair color. I'd like to dye it.
② A : What can we do to slow down global warming?
　B : First of all, we can use more public transportation.
③ A : Anna, is that you? Long time no see! How long has it been?
　B : It took me about an hour and a half by car.
④ A : I'm worried about Paul. He looks unhappy. What should I do?
　B : If I were you, I'd wait until he talks about his troubles.

07 밑줄 친 부분에 들어갈 말로 가장 적절한 것을 고르시오.   22 국가직 9급

A : I heard that the university cafeteria changed their menu.
B : Yeah, I just checked it out.
A : And they got a new caterer.
B : Yes. Sam's Catering.
A : _____?
B : There are more dessert choices. Also, some sandwich choices were removed.

① What is your favorite dessert
② Do you know where their office is
③ Do you need my help with the menu
④ What's the difference from the last menu

08 밑줄 친 부분에 들어갈 말로 가장 적절한 것을 고르시오.   22 국가직 9급

A : Hi there. May I help you?
B : Yes, I'm looking for a sweater.
A : Well, this one is the latest style from the fall collection. What do you think?
B : It's gorgeous. How much is it?
A : Let me check the price for you. It's $120.
B : _____.
A : Then how about this sweater? It's from the last season, but it's on sale for $50.
B : Perfect! Let me try it on.

① I also need a pair of pants to go with it
② That jacket is the perfect gift for me
③ It's a little out of my price range
④ We are open until 7 p.m. on Saturdays

09 두 사람의 대화 중 가장 어색한 것은?   22 지방직 9급

① A : I like this newspaper because it's not opinionated.
   B : That's why it has the largest circulation.

② A : Do you have a good reason for being all dressed up?
   B : Yeah, I have an important job interview today.

③ A : I can hit the ball straight during the practice but not during the game.
   B : That happens to me all the time.

④ A : Is there any particular subject you want to paint on canvas?
   B : I didn't do good history when I was in high school.

10 밑줄 친 부분에 들어갈 말로 가장 적절한 것은?   22 지방직 9급

A : Hey! How did your geography test go?
B : Not bad, thanks. I'm just glad that it's over! How about you? How did your science exam go?
A : Oh, it went really well. _____
   I owe you a treat for that.
B : It's my pleasure. So do you feel like preparing for the math exam scheduled for next week?
A : Sure. Let's study together.
B : It sounds good. See you later.

① There's no sense in beating yourself up over this.
② I never thought I would see you here.
③ Actually, We were very disappointed.
④ I can't thank you enough for helping me with it.

11 밑줄 친 부분에 들어갈 말로 가장 적절한 것은? 21 국가직 9급

A : Were you here last night?
B : Yes. I worked the closing shift. Why?
A : The kitchen was a mess this morning. There was food spattered on the stove, and the ice trays were not in the freezer. B: I guess I forgot to go over the cleaning checklist.
A : You know how important a clean kitchen is.
B : I'm sorry. _____.

① I won't let it happen again.
② Would you like your bill now?
③ That's why I forgot it yesterday.
④ I'll make sure you get the right order.

12 밑줄 친 부분에 들어갈 말로 가장 적절한 것은? 21 국가직 9급

A : Have you taken anything for your cold?
B : No, I just blow my nose a lot.
A : Have you tried nose spray?
B : _____.
A : It works great.
B : No, thanks. I don't like to put anything in my nose, so I've never used it.

① Yes, but it didn't help.
② No, I don't like nose spray.
③ No, the pharmacy was closed.
④ Yeah, how much should I use?

13 밑줄 친 부분에 들어갈 말로 가장 적절한 것은?   21 지방직 9급

> A: Did you have a nice weekend?
> B: Yes, it was pretty good. We went to the movies.
> A: Oh! What did you see?
> B: Interstellar. It was really good.
> A: Really? _____.
> B: The special effects. They were fantastic. I wouldn't mind seeing it again.

① What did you like the most about it?
② What's your favorite movie genre?
③ Was the film promoted internationally?
④ Was the movie very costly?

14 두 사람의 대화 중 가장 어색한 것은?   21 지방직 9급

① A: I'm so nervous about this speech that I must give today.
　 B: The most important thing is to stay cool.
② A: You know what? Minsu and Yujin are tying the knot!
　 B: Good for them! When are they getting married?
③ A: A two-month vacation just passed like one week. A new semester is around the corner.
　 B: That's the word. Vacation has dragged on for weeks.
④ A: How do you say 'water' in French?
　 B: It is right on the tip of my tongue, but I can't remember it

정답 및 해설

기출분석노트 이얼영어 www.modoogong.com

01 ①

[해석]
A : 나 어제 약국에서 이 새 스킨 크림을 샀어. 이게 모든 주름을 없애주고 피부를 훨씬 젊어 보이게 해준다고 알려져 있어.
B : 난 믿지 않아.
A : 왜 안 믿어? 내가 블로그 몇 개에서 이 크림이 정말 효과 있다는 글을 읽었어.
B : 난 그 크림이 피부에 좋다고 생각하지만, 크림을 사용해서 주름을 없애거나 마법처럼 더 젊어 보이는 건 불가능하다고 생각해.
A : 넌 너무 비관적이야.
B : 아니야. 난 그냥 현실적인 거야. 난 네가 잘 속는 것 같다고 생각해.
① 난 믿지 않아.
② 너무 비싸.
③ 난 널 도와줄 수 없어.
④ 믿거나 말거나 사실이야.

02 ②

[해석]
A : 도심 관광을 하고 싶어요. 제가 어디로 가야 한다고 생각하세요?
B : 국립 미술관을 방문하는 것을 강력히 추천해요.
A : 아, 좋은 생각입니다. 또 어떤 것을 봐야 하나요?
B : 강 공원으로 가는 가이드 투어요. 오후 내내 걸립니다.
A : 저는 그럴 시간은 없어요. 3시에 고객을 만나야 하거든요.
B : 아, 그렇군요. 그러면 국립 공원을 방문해보는 건 어때요?
A : 좋은 생각이네요. 감사합니다!
① 이게 당신 고객이 필요로 했던 지도예요. 여기 있어요.
② 강 공원으로 가는 가이드 투어요. 오후 내내 걸립니다.
③ 가능한 한 빨리 그걸 봐보셔야 해요.
④ 체크아웃 시간은 3시입니다.

03 ③

[해석]
① A : 그가 마침내 인기영화에 출연했어!
　 B : 그래, 그가 성공했구나.
② A : 나 이제 좀 피곤하다.
　 B : 오늘은 여기까지 하자.
③ A : 아이들이 생일 파티에 갈 거야.
　 B : 그래서 그건 식은 죽 먹기였어.
④ A : 어제 그가 왜 집에 일찍 갔는지 궁금해.
　 B : 그는 몸이 안 좋았던 거 같아.

04 ④

[해석]
A : 실례합니다. 저 좀 도와주실 수 있나요?
B : 물론이죠. 무엇을 도와드릴까요?
A : 인사과를 찾으려 하고 있어요. 10시에 약속이 있습니다.
B : 3층에 있어요.
A : 거기에 어떻게 올라가요?
B : 모퉁이를 돌면 나오는 엘레베이터를 타시면 됩니다.
① 우리가 이 상황을 어떻게 처리해야 할지 모르겠네요.
② 담당자가 누구인지 말씀해 주실 수 있나요?
③ 네, 여기 도움이 좀 필요해요.
④ 물론이죠. 무엇을 도와드릴까요?

05 ③

[해석]
A : 당신이 마지막으로 퇴근했어요, 그렇죠?
B : 네. 무슨 문제가 있나요?
A : 오늘 아침에 사무실 조명과 에어컨이 켜져 있는 것을 발견했어요.
B : 정말요? 아, 이런. 아마 어젯밤에 끄는 것을 깜빡한 것 같아요.

정답 및 해설 155

A : 아마 밤새 켜져 있었을 거예요.
B : 죄송합니다. 앞으로 더 조심할게요.
① 걱정하지 마세요. 이 기계는 잘 작동해요.
② 맞아요. 모두 당신과 함께 일하는 것을 좋아해요.
③ 죄송합니다. 앞으로 더 조심할게요
④ 안타깝네요. 당신은 너무 늦게 퇴근해서 피곤할 거예요.

06　　　　　　　　　　　　　　③

[해석]
① A : 머리는 어떻게 해 드릴까요?
　 B : 머리 색깔이 좀 질려서요. 염색하고 싶어요.
② A : 지구 온난화를 늦추기 위해 우리가 할 수 있는 일은 무엇일까?
　 B : 우선, 대중교통을 더 많이 이용할 수 있어.
③ A : Anna, 너야? 오랜만이야! 이게 얼마 만이지?
　 B : 차로 한 시간 반 정도 걸렸어.
④ A : Paul이 걱정돼. 불행해 보여. 어떻게 해야 하지?
　 B : 내가 너라면, 그가 자기 문제에 대해 말할 때까지 기다릴 거야.

07　　　　　　　　　　　　　　④

[해석]
A : 대학 구내식당 메뉴가 바뀌었다고 들었어.
B : 응, 내가 방금 확인했어.
A : 그리고 식당은 새로운 음식 공급업체를 구했어.
B : 맞아, Sam's Catering이야.
A : 저번 메뉴와 다른 점이 뭐야?
B : 디저트 종류가 더 있어. 또, 몇 개의 샌드위치 종류가 사라졌어
① 네가 가장 좋아하는 디저트는 뭐야
② 그들의 사무실이 어디 있는지 알아
③ 메뉴에 대한 내 도움이 필요해
④ 저번 메뉴와 다른 점이 뭐야

08　　　　　　　　　　　　　　③

[해석]
A : 안녕하세요. 무엇을 도와드릴까요?
B : 네, 스웨터를 찾고 있어요.
A : 음, 이것은 가을 신상으로 나온 최신 스타일입니다. 어떠세요?
B : 멋져요. 얼마인가요?
A : 가격 확인해드릴게요. 120달러예요.
B : 제 가격대를 조금 벗어났네요.

A : 그럼 이 스웨터는 어떠세요? 지난 시즌에 나온 건데, 50달러로 세일 중이에요.
B : 완벽해요! 입어볼게요.
① 거기에 어울리는 바지 한 벌도 필요해요
② 그 재킷은 저에게 완벽한 선물이에요
③ 제 가격대를 조금 벗어났어요
④ 토요일엔 오후 7시까지 영업합니다

09　　　　　　　　　　　　　　④

[해석]
① A : 나는 이 신문이 편견이 없어서 좋아.
　 B : 그게 그 신문이 가장 잘팔리는 이유야.
② A : 완전히 차려입은 이유가 있어?
　 B : 응, 오늘 중요한 면접이 있어.
③ A : 나는 연습 중에는 공을 똑바로 칠 수 있지만 경기 중에는 칠 수 없어.
　 B : 나도 늘 그래.
④ A : 캔버스에 그리고 싶은 특별한 대상이 있어?
　 B : 나는 고등학교 때 역사를 잘하지 못했어.

10　　　　　　　　　　　　　　④

[해석]
A : 이봐! 지리 시험은 어땠어?
B : 나쁘지 않았어, 고마워. 난 그냥 그게 끝나서 기뻐! 너는 어때? 과학 시험은 어땠어?
A : 오, 정말 잘 됐어. 도와줘서 정말 고마워. 그것 때문에 너에게 신세를 졌어.
B : 천만에. 그래서, 다음 주에 예정된 수학 시험을 준비하고 싶어?
A : 물론, 같이 공부하자.
B : 좋은 생각이야. 나중에 봐.
① 이 일로 자책하는 것은 무의미해
② 여기서 너를 만날 줄은 몰랐어
③ 사실, 우리는 매우 실망했어
④ 도와줘서 정말 고마워

11　　　　　　　　　　　　　　①

[해석]
A : 어제 밤에 여기 있었나요?
B : 네, 제가 마감 근무 했어요. 왜요?

A : 오늘 아침 주방이 엉망이었어요. 음식이 레인지에 튀어 있었고, 얼음 트레이가 냉동실 안에 있지 않았어요.
B : 제가 청소 체크리스트를 점검하는 걸 잊었나 봐요.
A : 깨끗한 주방이 얼마나 중요한지 알잖아요.
B : 죄송합니다. 다시는 그런 일 없도록 하겠습니다.
① 다시는 그런 일 없도록 하겠습니다
② 계산서를 지금 드릴까요?
③ 그래서 제가 어제 그걸 잊은 거예요.
④ 주문하신 것을 제대로 받겠습니다.

12 ②

해석

A : 네 감기에 뭐 해본 거 있어?
B : 아니, 난 그냥 코를 많이 풀어.
A : 코 스프레이는 해봤어?
B : 아니, 난 코 스프레이를 안좋아해.
A : 그거 효과가 좋아.
B : 아냐, 괜찮아. 난 내 코에 뭘 넣는 걸 싫어해서 한 번도 그걸 써본 적 없어
① 응, 근데 도움이 안 됐어.
② 아니, 난 코 스프레이를 좋아하지 않아
③ 아니, 약국이 문을 닫았어.
④ 그래, 얼마나 써야 해?

13 ①

해석

A : 좋은 주말 보냈니?
B : 응, 상당히 좋았어. 영화를 보고 왔어.
A : 오! 무슨 영화 봤는데?
B : 인터스텔라. 진짜 좋았어.
A : 정말? 어떤 부분이 가장 좋았니?
B : 특수효과. 환상적이었어. 다시 본다고 해도 좋을 것같아.
① 어떤 부분이 가장 좋았니?
② 어떤 영화 장르를 가장 좋아하니?
③ 그 영화 국제적으로 홍보되었니?
④ 그 영화 많이 비쌌니?

14 ③

해석

① A : 오늘 해야 하는 발표 때문에 너무 긴장돼.
　B : 가장 중요한 건 침착함을 유지하는 거야.
② A : 그거 알아? 민수랑 유진이가 결혼한대!
　B : 잘됐네! 걔네 언제 결혼하는 거야?
③ A : 두 달간의 휴가가 일주일처럼 지나갔어. 새 학기가 임박했어.
　B : 내 말이 그 말이야. 휴가가 너무 오래 계속됐어.
④ A : 프랑스어로 '물'을 뭐라고 하나요?
　B : 기억이 날 듯 말 듯한데, 당장 기억이 나질 않네요.

MEMO

Soar : 오름 4
기출분석노트

....

초판발행 2023년 07월 31일
개정1판 2024년 08월 14일

편저자 이얼
발행인 양승윤
발행처 ㈜용감한컴퍼니
등록번호 제2016-000098호
전화 070-4603-1578
팩스 070-4850-8623
이메일 book@bravecompany.io
ISBN 979-11-6743-480-7
정가 20,000원

이 책은 ㈜용감한컴퍼니가 저작권자와의 계약에 따라 발행한 것이므로
본사의 허락 없이는 어떠한 형태나 수단으로도 이 책의 내용을 이용하지 못합니다.
잘못된 책은 구입처에서 교환해 드립니다.